Cascadas del Pirineo aragonés

Marta Montmany

AF193287

EDITORIAL
ALPINA

Primera edición: junio 2024
© Marta Montmany para el texto y las fotografías

Fotografía de portada: cascada de Orós Bajo

Diseño: Raquel Castro
Maquetación: Marina Miralles Serveis Editorials
Cartografía: Editorial Alpina, SL

Derechos exclusivos de edición en lengua castellana:
Editorial Alpina, SL
Princesa, 67
08401 Granollers
www.editorialalpina.com
alpina@editorialalpina.com

ISBN: 978-84-7011-121-1
Depósito legal: B 8491-2024

PARA IR A LA MONTAÑA, TENÉIS QUE LLEVAR:

Equipación:

- Un buen calzado que os proteja los tobillos
- Gorra
- Gafas de sol
- Mochila
- Brújula
- Mapa

En la mochila:

- Cantimplora
- Un jersey o un forro polar
- Impermeable o canguro
- Tiritas
- Frutos secos, chocolatinas
- Binoculares
- Cámara
- Linterna
- Cordel
- Crema solar
- Teléfono móvil
- GPS

VUESTRO PASO POR LA MONTAÑA NO SE DEBE NOTAR

- Una excursión no es una carrera: disfrutad del lugar y del paisaje.
- No echéis a rodar piedras por las pendientes: podríais hacer daño a alguien.
- No escondáis papeles ni basura debajo de las piedras.
- No hagáis fuego en ningún caso.
- No os acerquéis demasiado a los rebaños: por pacíficos que sean, los animales pueden tener reacciones inesperadas, sobre todo si tienen crías.
- Dejad siempre las cercas como las encontréis: abiertas o cerradas.
- No olvidéis llevaros las basuras para depositarlas en un contenedor.

¡LA MONTAÑA OS LO AGRADECERÁ!

Introducción

Cascada en el río Lalarri

Nos gusta ir de excursión. Nos gusta levantarnos por la mañana, calzarnos las botas, echar un bocado a la mochila, mapa, algo de abrigo y salir a la montaña con la mente abierta. Fuera de nuestra zona de confort nos aguarda un magnífico universo natural, con una gran variedad de elementos que esperan nuestra visita.

En un primer momento, las grandes montañas acaparan nuestra atención, esos gigantes desconocidos que marcan el telón de fondo en las postales pirenaicas. Son la base del territorio, el armazón de un gran edificio natural. Ahora hay que dar forma y llenar de pequeños matices el entorno, para ha-

cerlo único y distinto. De esta tarea se encargan los agentes erosivos y moldeadores del paisaje.

Estos escultores naturales realizan su arduo trabajo tanto desde el interior de la tierra como desde la superficie. Al hablar de agentes erosivos internos nos referimos al movimiento de las placas tectónicas, los seísmos y volcanes, que desde las entrañas del planeta moldean el paisaje de una delicada corteza terrestre. En la superficie contamos principalmente con el viento y el agua. Dos poderosos elementos que se encargan de erosionar los materiales, transportarlos y acumularlos en lugares distintos para dar forma a nuevas unidades de relieve. Y es precisamente en la acción del agua en la montaña donde hoy ponemos nuestro foco de atención. El agua, ese elemento liviano que aparentemente parece inofensivo, esculpe nuestras montañas creando paisajes únicos. En su estado sólido forma los glaciares, grandes creadores de valles en artesa, picos puntiagudos, crestas, e ibones. En su estado líquido da forma a los valles en V, con su insistente labor de incisión en el terreno; también esculpe barrancos, cañones y foces, creando verdaderas obras de arte. Los ríos son el sistema circulatorio del planeta, esculpen el paisaje, pero también transportan agua, sedimentos y son una fuente de vida por allá donde pasan.

En las montañas del Pirineo tenemos el privilegio de ver nacer algunos de estos cauces fluviales. Suelen hacerlo de una forma tímida, fruto de la fusión de la nieve, del agua de lluvia y/o del aporte de los acuíferos subterráneos. Otras veces emergen a la superficie de una forma espectacular, formando bellas cascadas como la surgencia del Chorrotal, en el valle de Aísa, la surgencia del Yaga, en la garganta de Escuaín, o el Chorro de Fornos, en el barranco del Irués.

Ya en superficie nuestros ríos emprenden un apasionante camino hacia el mar. En el área pirenaica, donde dan sus primeros pasos, descienden repletos de energía, ya que tienen que salvar grandes desniveles en el terreno. El descenso por estas pendientes, condicionados por el tipo de terreno, da lugar a espectaculares cascadas, como la de las Negras en el valle de Izas, las cascadas de Panticosa, las de los Gabietos y salto del Pich en Bujaruelo, o las tres cascadas de Cerler. A veces, su estética caída forma estampas inolvidables, como Os Lucas, en Oros Bajo, la Cola de Caballo y las Gradas de Soaso, en el valle de Ordesa, las cascadas de Lalarri y del Cinca, en el valle de Pineta, o la cascada de Espigantosa, en el valle de Eriste. Otras veces esculpen en la roca verdaderas obras de arte, como O Saldo, en Escarrilla, el Saltador de las Lañas, en la sierra de Guara, o las Gorgas Galantes, en el valle de Estós, formando lugares salvajes y agrestes. A menudo nos sorprenden en nuestras rutas montañeras, como el Chorro de Yebra de Basa, las cascadas del barranco de Tringonier o la cascada del Pi, en el valle de Salenques. Y lo que siempre sucede, en todas ellas, es que nos magnetizan y nos atrapan. El agua es fuerza, vida, frescor y energía.

Después de una primera toma de contacto seguimos analizando el paisaje, y descubrimos como a la caída del agua, casi siempre se forma una poza, más o menos grande, más o menos profunda, pero eternamente bella; aguas cristalinas, de colores esmeraldas, acompañan nuestra foto perfecta.

No nos cansamos de visitarlas, incluso varias veces en un mismo año, ya que depende de la estación en la que lo hagamos las encontraremos con mayor o menor caudal, y el paisaje que las acompaña puede variar notablemente. La primavera, con la fusión de la nieve en la montaña, es uno de los momentos más álgidos y apasionantes, donde la fuerza del agua se muestra con toda su bravura y potencia. En verano ya empiezan a acusar el estiaje, unas más que otras, mientras que en otoño, si las visitamos tras grandes lluvias, vuelven a recobrar su fuerza y alegría. En invierno parece que entren en un cierto letargo, aunque si el frío es muy intenso se congelan y adquieren una belleza inigualable.

Cae la tarde, es hora de regresar al hogar. Después de nuestra jornada montañera volvemos cansados, pero con la mochila llena de vivencias, energía y sensaciones de bienestar.

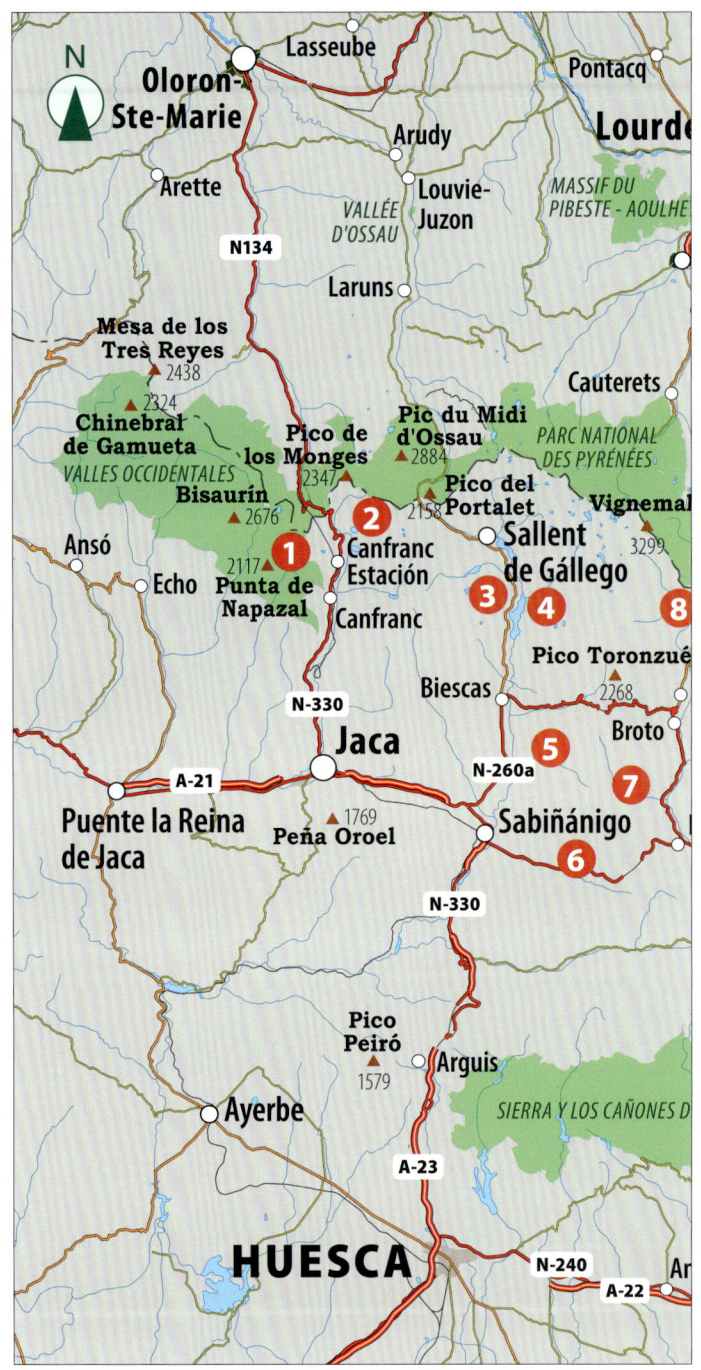

Señalización de los caminos

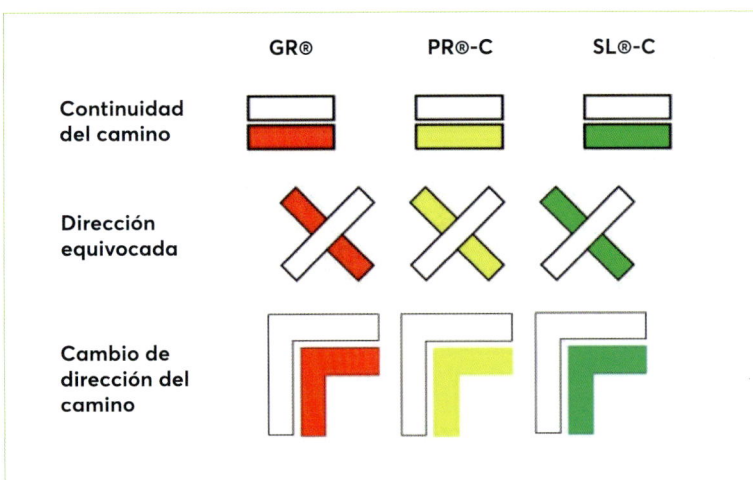

	GR®	PR®-C	SL®-C
Continuidad del camino			
Dirección equivocada			
Cambio de dirección del camino			

Leyenda mapa

Punto de incio / final	◉	Refugio guardado	
Ruta / dirección itinerario		Refugi no guardado	
Variante de itinerario		Cabaña	
Pista / camino		Hotel	H
senda		Parador	P
Vía Urbana / pista asfaltada		Camping	
Sendero de gran recorrido	GR	Casa rural	CR
Sendero de pequeño recorrido	PR	Albergue	
Sendero local	SL	Balneario	
Carretera local	L-500	Oficina de información	ⓘ
Carretera principal	N-230	Museo	M
Ferrocarril		Castillo	
Fuente		Iglesia o ermita	
Cascada		Vista panorámica	
Esquí de fondo		Dolmen	
Parquing	P	Puente histórico	
Camino de Santiago		Castillo	
Área recreativa		Vista panorámica	
Árbol monumental		Autobús	
		Estación de ferrocarril	

Cascadas del Pirineo aragonés

1

Valle de Aísa
Surgencia del Chorrotal

- •··· **Inicio:** Por la A-2605 hasta Aísa, o por la HU-V-2201 y la HU-212. Atravesamos Aísa y seguimos por la carretera de Jasa, hasta encontrar, a la derecha, una pista asfaltada que nos conduce al aparcamiento de la Cleta.
- **Duración:** 2 h 10 min
- ▲ **Desnivel:** 304 m
- ··· **Distancia:** 6,75 km

El festival del karst

Los valles de Igüer y Rigüelo, situados bajo las faldas de las cumbres de Liena del Bozo, Liena de la Garganta, pico Aspe, punta y mallos de Lecherín, albergan un interesante universo kárstico en sus entrañas. Como si de un agujereado queso de gruyer se tratara, la roca caliza con la que están formadas estas montañas nos ofrece un entramado de simas, muchas de ellas aún desconocidas, por donde el agua esculpe un paisaje inhóspito bajo nuestros pies. Y a veces el agua sale a la superficie formando bellas surgencias, como la del Chorrotal, dando lugar a una bonita cascada con forma de cola de caballo.

Valle de Rigüelo

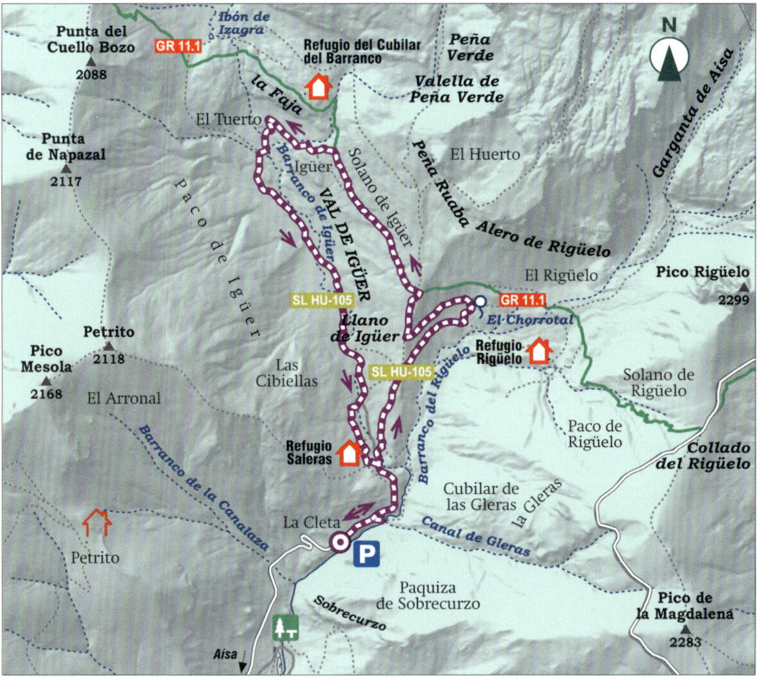

Punta del
Cuello Bozo [GR 11.1]
2088

Ibón de
Isagra

Refugio del Cubilar
del Barranco

Peña
Verde

la Faja

Valella de
Peña Verde

N

El Tuerto

Punta
de Napazal
2117

Iguer

Solano de Iguer

El Huerto

Peña Rueba

Garganta de Aísa

Paco de Iguer

VAL DE IGÜER

Alero de Rigüelo

El Rigüelo

Pico Rigüelo
2299

SL HU-105

Llano
de Igüer

GR 11.1

El Chorrotal

Petrito
Pico   2118
Mesola
2168   El Arronal

Las
Cibiellas

SL HU-105

Refugio
Rigüelo

Solano de
Rigüelo

Barranco del Igüelo

la Gleras

Paco de
Rigüelo

Collado
del Rigüelo

Refugio
Saleras

Barranco de la Canalaza

La Cleta

Cubilar de
las Gleras

Canal de Gleras

P

Petrito

Paquiza
de Sobrecurzo

Pico de
la Magdalena
2283

Sobrecurzo

Aísa

La excursión

Antes de llegar al inicio de la excursión, encontramos a pie de carretera la delicada **cascada de Sibiscal**, justo en el límite del Parque Natural de los Valles Occidentales. Tras su visita continuamos con el vehículo hasta el **aparcamiento de la Cleta**, con paneles informativos.

Iniciamos el itinerario avanzando por la pista forestal. A los 200 m encontramos un desvío a la derecha, con señalización, que nos conduce a las **pozas del río Estarrún**, un lugar de gran belleza donde

Cascada y poza del río Estarrún

descubrimos unas refrescantes pozas con sus respectivas cascadas. Volvemos al camino principal y continuamos en ascenso por una pronunciada rampa de hormigón, hasta alcanzar una zona más llana y abierta con una magnífica panorámica del **valle de Igüer**. A nuestra derecha, una atractiva secuencia de pozas y cascadas nos enmarca la foto perfecta del valle. Rápidamente alcanzamos, bajo el **refugio de Saleras**, una bifurcación de caminos. Estamos en el sendero SL-HU 105, que en combinación con un tramo del GR 11.1 nos ofrece un bello itinerario circular, pudiéndolo realizar en ambos sentidos.

Tomamos el sendero de la derecha, no sin antes admirar y reconocer las montañas que nos rodean: Peña del Mediodía, Ruabe Bernera, pico de Olibón, Liena del Bozo, mallo Peñarruaba, Liena de la Garganta, pico Aspe, punta del Sombrero, punta Lecherín y punta Rigüelo. Atravesamos el **barranco de Igüer** y ascendemos por el empinado sendero entre prados y tasca hasta alcanzar un cruce de caminos; tomamos el desvío de la derecha, hacia la **surgencia del Chorrotal**. Desde este punto tenemos una interesante perspectiva del valle de Rigüelo, presidido por el pico homónimo y los Lecherines. La senda avanza a media ladera entre prados, pasando por zonas con pino y enebro de porte achaparrado. A la derecha, unos magníficos pliegues acaparan nuestra atención, ¡la geología nos muestra su lado más artístico!

Tras 45 min de marcha alcanzamos la **surgencia del Chorrotal**, donde el agua mana del interior de la tierra formando una bella cascada con forma de cola de caballo. La recorremos hasta su parte superior, y siguiendo ascendiendo por la empinada ladera alcanzamos un sendero. Lo tomamos a la izquierda y seguimos hasta la pequeña cresta que une este valle con el de Igüer. En este punto continuamos hacia la derecha, hasta alcanzar el sendero GR 11.1, que tomamos a la izquierda. Ahora vamos a recorrer el valle de Igüer a media ladera,

Cascada en el barranco de Igüer

bajo los escarpes rocosos del pico Aspe y del pico Liena de la Garganta.

Con magníficas vistas de este valle ganadero, y después de haber recorrido 3,4 km (1 h 25 min), encontramos un desvío a la izquierda, que nos invita a abandonar el sendero rojiblanco y regresar al aparcamiento. Descendemos al fondo del valle y progresamos entre verdes prados y las serpenteantes aguas del barranco de Igüer. Pasamos junto al enclave donde se sitúa el **dolmen de la Plana de Napazal**, vestigio de los antiguos pobladores de estas latitudes. A continuación descubrimos unas bonitas cascadas; justo en su parte baja cruzamos el barranco y vamos a buscar un pequeño sendero que transcurre por la derecha orográfica del barranco. Dicha senda nos conduce hasta el **refugio Saleras**, un pequeño refugio libre de seis plazas con chimenea. Una vez allí, y tras contemplar el paisaje, retomamos la marcha descendiendo al camino principal y al **aparcamiento de la Cleta**.

Surgencia del Chorrotal

2

Valle de Izas
Cascada de las Negras

- **Inicio:** Por la N-330 hasta Canfranc Estación. Allí continuamos por la carretera hacia Francia y justo a la salida de la población tomamos, a la derecha, un desvío que cruza el río Aragón y continúa por pista forestal durante 2 km hasta el aparcamiento de Coll de Ladrones.
- **Duración:** 2 h 45 min (1 h 30 min solo ida)
- **Desnivel:** 380 m
- **Distancia:** 7,2 km

Una estación de ferrocarril con mucho que contar

Rodeada de altas cumbres, y situada en la zona alta del valle del río Aragón, la Estación Internacional de Ferrocarril de Canfranc es un libro de historia, con muchas anécdotas y secretos que contar. Fue inaugurada en 1928, por el rey Alfonso XIII, y albergaba un hotel de lujo, casino y aduana. Durante la Segunda Guerra Mundial fue testigo del trasiego de los oficiales de las SS y de la Gestapo, de espías de la resistencia francesa y de la huida de numerosos judíos. Por sus raíles circulaba wolframio gallego hacia Alemania y, de vuelta, los trenes venían cargados con oro nazi.

En la actualidad, la rehabilitada estación acoge, de nuevo, un hotel de lujo, y por sus vías vuelven a circular trenes, aunque ahora la historia sea otra.

Vista del valle de Izas hacia el oeste

La excursión ▼

Iniciamos la ruta en el **aparcamiento de Coll de Ladrones**, junto a una prominente edificación militar, el fuerte de Coll de Ladrones. Desde su enclave po-demos admirar el valle del Aragón, con la estación de Canfranc en su fondo. En la actualidad dicha construcción es de propiedad privada, por lo que su visita está restringida.

Sendero del valle de Izas

A este punto podemos llegar en coche, pero si deseamos alargar la ruta podemos empezarla en la estación de ferrocarril, y alcanzar dicho enclave tras 25 min de marcha.

A partir de aquí tomamos la amplia pista forestal, que rápidamente se introduce en un magnífico bosque de pinos, caducifolios, boj y rosales silvestres, en ligero descenso. Tras 500 m de recorrido dejamos la pista forestal a la izquierda, que continúa al embalse de Izas, a Candanchú y al puerto de Somport, y tomamos el sendero de la derecha, siguiendo la señalización hacia "Coll de Izas - Formigal y Ref. vuelta Iserías e ibón Iserías".

Cascada de las Negras o la Divina

Ascendemos suavemente, dejando a nuestra izquierda el **embalse de Izas**. El bosque, con pino, boj, haya y arce, nos regala agradables sensaciones. Mientras, el barranco, bravo y juguetón, desciende formando pozas y cascadas de gran belleza.

A medida que vamos ganando altura dejamos a nuestras espaldas la masa boscosa y continuamos por un terreno más despejado y rocoso; se trata de la zona de **la Cantalera**, donde grandes bloques de piedra nos dibujan el entorno. Si paramos un poco de atención podremos observar como algunas de estas grandes rocas calizas presentan una serie de acanaladuras en su superficie, propias de las formas erosivas del karst. Un tramo de acusada pendiente nos conduce a la cota 1.520 m, donde el **valle de Izas** se abre de forma espectacular, con un fondo plano, tapizado por verdes prados y salpicado de numerosas florecillas en los meses estivales. A nuestras espaldas quedan la zona de Candanchú, con el monte Tobazo, el pico Tortiellas y los telesillas de la estación invernal de esquí.

Seguimos remontando el valle por la izquierda orográfica del barranco, y con la mirada dirigida a las escarpadas formaciones rocosas del Campanal de Izas, la Pala de Ip, la Punta de la Tronquera, y el balcón y picos de Iserías.

Llegamos a una bifurcación, señalizada con un poste de GR. Aquí abandonamos el sendero rojiblanco y tomamos el ramal de la izquierda, que nos lleva, tras cruzar el **barranco de las Tres Fuentes**, hasta la **cascada de las Negras** o **la Divina**. Tras disfrutar del entorno y del frescor de las aguas que descienden por el barranco de Izas, retomamos el camino de vuelta, realizando un pequeño bucle en el último tramo realizado. Para ello, tomamos el sendero más alejado del barranco, que enlaza con el GR 11, y llegamos a una zona plana, con una gran piedra característica. De este punto sale el sendero hacia el refugio e ibón de Iserías. Tras contemplar las rojizas estibaciones rocosas del **Vértice de Anayet**, retomamos la marcha siguiendo el GR 11 hacia el oeste, descendiendo el valle de Izas hasta llegar al punto de inicio de nuestro itinerario.

Estación Internacional de Ferrocarril de Canfranc

3

Valle de Tena
O Saldo de Escarrilla

Inicio: Por la N-260 hasta Biescas. Allí continuamos por la A-136 hacia Francia, y justo a la salida de Escarrilla estacionamos el vehículo, antes de entrar en el túnel de Escarrilla. Hay dos zonas de aparcamiento: una a la derecha, a la salida del pueblo, y otra a la izquierda, justo antes del túnel.

Duración: 2 h 15 min (1 h 15 min ida)

Desnivel: 350 m

Distancia: 6 km

La sierra de la Partacua

A caballo entre los valles de Tena y del Aragón, ejerciendo de divisoria natural entre ambos, encontramos la sierra de la Partacua. Sus cumbres, ordenadas siguiendo el eje noroeste-sudeste, alcanzan los 2.700 m de altitud, siendo Peña Telera la más alta, con 2.762 m. Las caras norte de estas cimas son muy escarpadas y verticales, mientras que las sur ofrecen relieves más amables.

El pico de Escarra o el Porrón, de 2.748 m, se eleva con su característica forma triangular. De sus entrañas nace el río Escarra, que pronto vierte sus aguas al embalse homónimo, ubicado en un ibón de origen glaciar. Tras superar este obstáculo, el curso fluvial continúa su camino, llegando a O Saldo, donde con el devenir de tiempos pasados la fuerza del agua esculpió un magnífico paisaje en la roca. Tras la bella cascada, el Escarra prosigue su camino por la garganta homónima hasta desembocar en el río Gállego, junto a Escarrilla.

Siguiendo el sendero PR-HU 91 hacia O Saldo

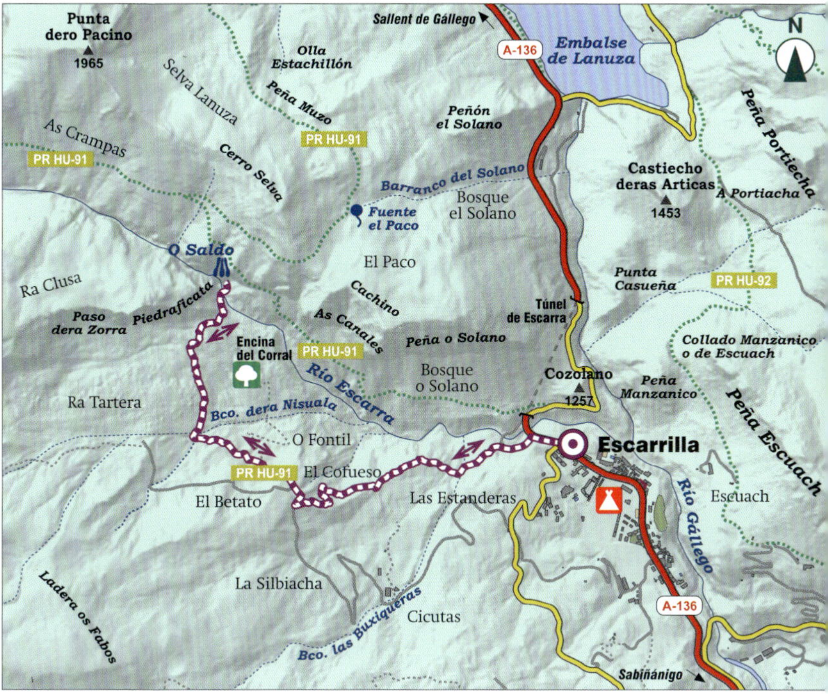

La excursión ▼

Del estacionamiento nos dirigimos a la antigua carretera, situada a la izquierda de la actual, donde encontramos información del itinerario que vamos a realizar. Siguiendo el PR-HU 91 avanzamos por la amplia pista asfaltada unos metros, hasta que encontramos, a la

Punto de información en el barranco de Escarra

izquierda, una senda. La tomamos e iniciamos el ascenso; en pocos metros llegamos a otra bifurcación, señalizada con un hito de piedras, y tomamos el sendero de la izquierda. Una variada vegetación nos acompaña en este tramo del sendero, con boj, álamo temblón, avellano, haya, chopo, roble, abedul, espino albar… y llegamos a una tercera bifurcación, donde de nuevo tomamos el ramal de la izquierda y seguimos en ascenso en medio del citado vergel. Atravesamos un par de barrancos y salimos a una zona más pedregosa y despejada, donde girando la vista descubrimos la población de **Escarrilla**, la

O Saldo de Escarrilla

sierra **Tendeñera** y las cumbres de la zona de **Panticosa**.

El sendero, bien señalizado, va ganando altura hasta que llega a una amplia pista forestal. Llegamos a ella cruzando una puerta, tras 45 min de marcha. Situados en el amplio vial, lo tomamos a la derecha y continuamos en ascenso hasta alcanzar una verja ganadera, que cruzamos. Este tramo de camino nos ofrece buenas panorámicas de las cumbres del **valle de Tena** y del barranco que forma el **río Escarra**, entre verdes prados salpicados de espino albar.

Llegamos a otra bifurcación, y tomamos el sendero de la izquierda, dejando a la derecha el acceso a la Encina del Corral; en este punto, un cartel nos indica que hasta O Saldo nos quedan 30 min (1,3 km).

Avanzamos entre verdes prados, repletos de flores en los meses estivales, y algunos pasadizos de boj y otros arbustos. Cruzamos el **barranco dera Nisuala o Tallata** y continuamos. El agradable sendero realiza una marcada revuelta e inicia un tramo de descenso que nos lleva al interior del barranco, con el sonido del fuerte rugir de sus aguas. Encontramos un cartel interpretativo, que nos habla sobre el **río Escarra**, el boj, el aprovechamiento ganadero de la zona y la toponimia del lugar. Este último tramo, antes de llegar a O Saldo, encontramos unas barandillas de madera que nos facilitan la progresión.

Tras 1 h 15 min de marcha llegamos al fondo del barranco del río Escarra, justo bajo la majestuosa **cascada de O Saldo** de Escarrilla. El lugar, de una belleza enorme, nos invita a levantar la vista para observar los enormes escarpes rocosos que tenemos sobre nuestras cabezas y descubrir la sutil, pero profunda, hendidura que el río Escarra ha labrado entre la roca, abriéndose paso para continuar su curso natural. El lugar, sin duda, es de una belleza y armonía sublime. La cascada, en su caída, ha esculpido una bella poza circular, donde retiene el agua. Aunque estemos tentados de bañarnos, hay que recordar que en esta zona está prohibido, ya que el agua se utiliza para el consumo.

Avanzando con precaución entre las rocas, podemos rodear la poza de agua y avanzar hasta justo detrás del salto de agua, obteniendo así una perspectiva diferente del lugar.

El retorno a **Escarrilla** lo realizamos por el mismo itinerario, aunque a la vuelta podemos desviarnos para visitar la centenaria **Encina del Corral**.

Escarrilla y el valle de Tena

- **Inicio:** Por la N-260 hasta Biescas. Allí continuamos por la A-136, hacia Francia, y pasado el embalse de Búbal tomamos la A-2606 al balneario de Panticosa.

- **Duración:** 4 h 10 min

- **Desnivel:** 650 m

- **Distancia:** 8,75 km

El balneario de Panticosa

El balneario de Panticosa, situado a 1.636 m de altitud, está rodeado de numerosas cumbres graníticas, muchas de las cuales sobrepasan los 3.000 m de altitud. Los materiales de los que están formados estas montañas pertenecen al macizo plutónico Cauterets-Panticosa, y son los responsables de la existencia del termalismo en este lugar.

Aquí las aguas emergen entre los 17 y 49 ºC, y desde antaño se han utilizado para fines medicinales. Su caudal es moderado, pero la temperatura máxima que alcanza el pozo de Tiberio lo convierte en el de mayor temperatura de Aragón. Hasta siete son los puntos por donde brota el agua, con características distintas, por lo que es adecuada para tratar variadas dolencias.

Puente sobre el río Caldarés

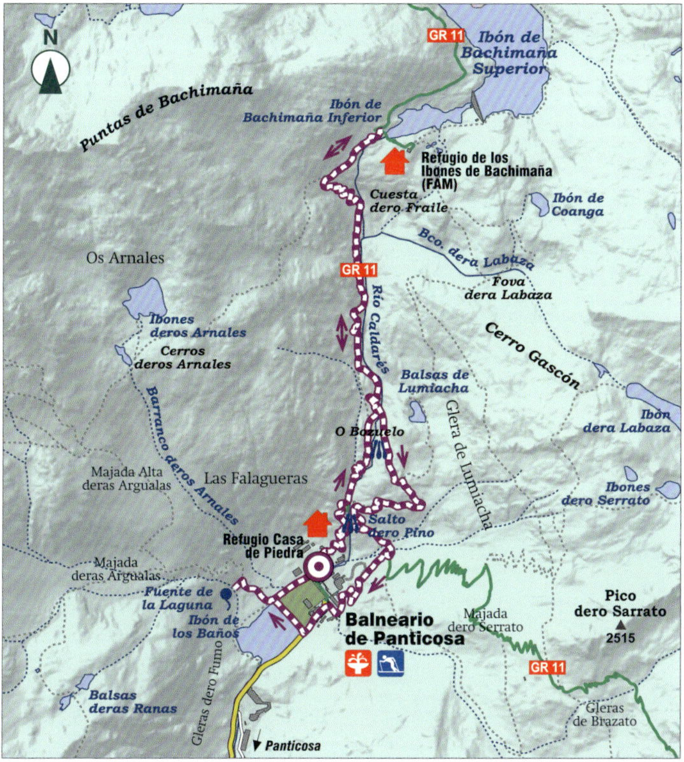
N
GR 11
Ibón de Bachimaña Superior
Puntas de Bachimaña
Ibón de Bachimaña Inferior
Refugio de los Ibones de Bachimaña (FAM)
Cuesta dero Fraile
Ibón de Coanga
Bco. dera Labaza
Os Arnales
GR 11
Fova dera Labaza
Ibones deros Arnales
Río Caldarés
Cerro Gascón
Cerros deros Arnales
Balsas de Lumiacha
Ibón dera Labaza
O Bazuelo
Glera de Lumiacha
Barranco deros Arnales
Majada Alta deras Argualas
Las Falagueras
Ibones dero Serrato
Salto dero Pino
Refugio Casa de Piedra
Majada deras Argualas
Fuente de la Laguna
Pico dero Sarrato
2515
Ibón de los Baños
Balneario de Panticosa
Majada dero Serrato
GR 11
Balsas deras Ranas
Gleras dero Fumo
Gleras de Brazato
Panticosa

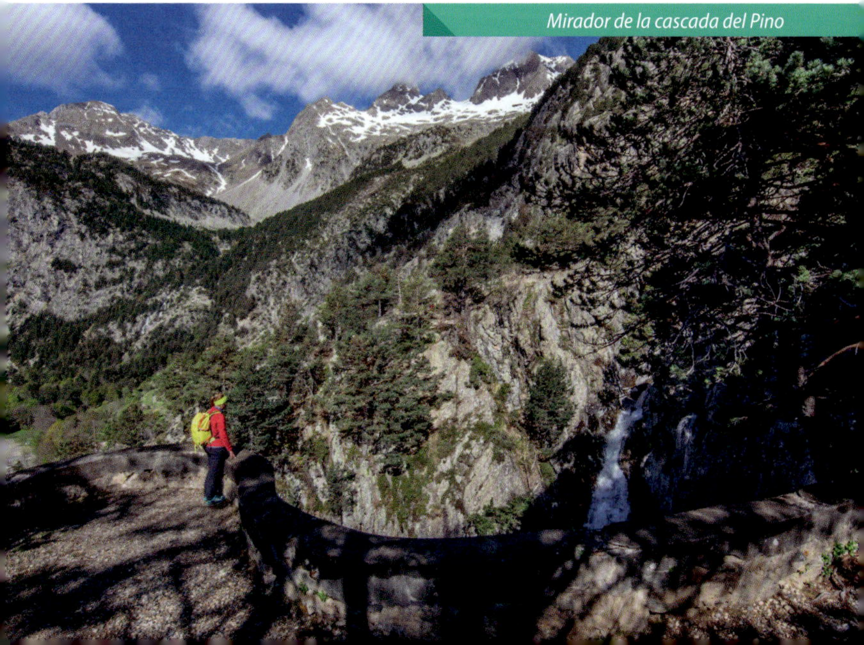
Mirador de la cascada del Pino

La excursión ▼

Iniciamos la marcha en el **balneario de Panticosa**, junto al **refugio de la Casa de Piedra**, donde tomamos el sendero GR 11 hacia el **ibón de Bachimaña**. Un trazado en zigzag entre pinos negros nos ayuda a ganar altura con rapidez, hasta alcanzar, tras 15 min, el **mirador de la Reina**. Desde este enclave podemos admirar el conjunto termal de Panticosa, el ibón de los Baños y el magnífico rosario de cumbres que lo rodean. Continuamos en ascenso por la derecha orográfica del **barranco de Caldarés**, que se hace escuchar con gran brío. Encontramos un desvío a la derecha, que baja al río y lo cruza por un puente, lo ignoramos y continuamos por el trazado rojiblanco.

Entre grandes paredes de granito descendemos hasta muy cerca del río, donde descubrimos una cascada encajada en el barranco. El lugar, húmedo y sombrío, es de gran belleza. Reanudamos la marcha por un tramo algo delicado, protegido con una sirga metálica que nos puede ser útil si el terreno está mojado o helado.

Camino del GR 11 al ibón de Bachimaña

El camino, que sigue remontando el valle, nos va obsequiando con bellos rincones, entre cascadas y rocas de granito esculpidas por antiguos glaciares.

Tras 35 min de marcha alcanzamos la **pradera de Bozuelo**, un gran rellano herboso que nos brinda un momento de relax. A la derecha sale un sendero que va hacia el río; de momento lo ignoramos, aunque más tarde volveremos a él. Continuamos en ascenso por el camino principal, superando algunos repechos y tramos equipados con sirgas metálicas, hasta que llegamos a los pies de la mítica **cuesta del Fraile**, un tramo de pendiente acusada. Antes de ascenderla admiramos boquiabiertos la gran cascada que forma el agua al descender por estas paredes. Un tramo continuado de zigzag, junto a la citada **cascada del Fraile**, nos lleva hasta su parte superior, donde las aguas del ibón de Bachimaña la alimentan.

En este punto vamos a iniciar el retorno, aunque es interesante tener en cuenta la proximidad del refugio de Bachimaña como base para realizar más excursiones en la zona.

Deshacemos el camino hasta la **pradera de Bozuelo**, donde tomamos un desvío a la izquierda que nos lleva a cruzar el **río Caldarés** por un puente. Siguiendo la senda, entre retazos de bosque de pino negro y rocas de granito, llegamos a una tubería de agua; justo antes de llegar a ella encontramos un desvío poco marcado a la izquierda por el que transcurre la senda de los machos. Cruzamos la tubería y continuamos en descenso, cruzándola de nuevo un poco más adelante. El sendero avanza hasta el río, donde encontramos un camino transversal y lo tomamos a la izquierda, descubriendo bonitas cascadas y pozas en el río.

Tomando un pequeño desvío a la derecha llegamos a un mirador sobre el río

Caldarés, donde contemplamos la estética y brava **cascada del Pino**. Retornamos al camino principal y seguimos descendiendo por la senda que nos lleva hacia la zona del **balneario de Panticosa**, tras cruzar por tercera vez la citada tubería.

Alcanzamos el trazado del GR 11, que tomamos hacia la derecha, ya muy cerca de los edificios del balneario. Pasamos junto a unas viejas instalaciones y descendemos finalmente por unas escaleras que nos llevan a la parte baja del complejo termal. De este punto podemos ir directamente hasta el inicio de la ruta, o bien rodear las instalaciones del

Cascada del Fraile

balneario hacia la izquierda, para llegar al **ibón de los Baños**. Aquí, giramos a la derecha, siguiendo la carretera que va junto al ibón, y al llegar al otro extremo continuamos recto por un sendero que nos lleva a la **fuente de la Laguna**, donde el agua emerge a 22 ºC. Situada en el interior de un pequeño edificio, sus aguas están indicadas para favorecer los procesos digestivos. Justo detrás de esta instalación encontramos la **cascada de Argualas**, que desciende con bravura del barranco homónimo. Tras su visita deshacemos el camino hasta el ibón y de allí continuamos hasta el inicio del recorrido.

Cascada del río Caldarés

- **Inicio:** Por la N-260 hacia Biescas. Entre Senegüé y Biescas tomamos la carretera que se dirige a Oliván y Orós. Tras pasar el puente sobre el río Gállego tomamos el ramal de la izquierda hasta Orós Bajo. Allí pasamos el puente sobre el barranco d'Os Lucas y encontramos una zona de aparcamiento, a la derecha.

- **Duración:** 40 min
- **Desnivel:** 65 m
- **Distancia:** 1,4 km

La ruta de las iglesias del Serrablo

En la comarca del Alto Gállego, en el área conocida como el Serrablo, encontramos un conjunto de iglesias construidas entre los siglos X y XI, adscritas al arte mozárabe o al primer románico aragonés. Estas pequeñas edificaciones están situadas en la margen izquierda del río Gállego, y poseen una serie de elementos comunes. El más llamativo es el ábside semicircular, que en su exterior presenta una llamativa combinación de friso de baquetones y arcuaciones murales ciegas. Otros elementos característicos son la utilización del arco de herradura y marcos a modo de alfices en puertas y ventanas, y la existencia de prominentes torres campanario. Esta ruta, de gran interés cultural, cuenta con hasta quince iglesias adscritas, así como algunos restos de otras edificaciones.

Para su visita es conveniente tener en cuenta que algunas de ellas están abiertas habitualmente, como San Juan de Busa, San Martín de Ordovés y San Martín de Olivan. Para las demás hay que pedir la llave a algún vecino de la localidad.

Camino por el interior del barranco d'Os Lucas

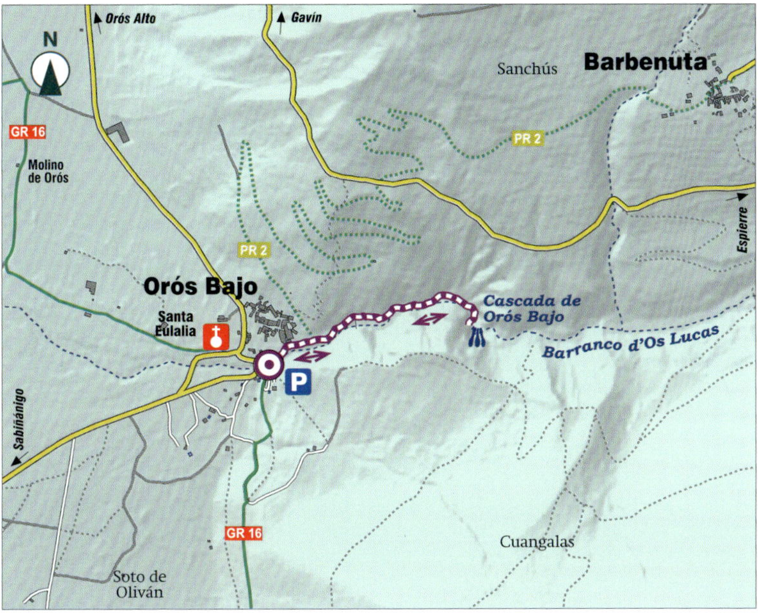

La excursión ▼

De la zona alta del **aparcamiento de Orós Bajo** continuamos por el camino que avanza en ligero ascenso por la margen derecha del **barranco d'Os Lucas**, bordeando las últimas casas del pueblo por su flanco oeste. Tras haber recorrido unos 150 m, encontramos una bifurcación. Hacia la izquierda, parte el sendero GR 16 y PR-HH 2, de Orós Bajo a Collada Espierra; nosotros seguimos por el vial de

Pozas artificiales en el barranco d'Os Lucas

la derecha, que avanza siguiendo el curso fluvial.

Un poco más adelante llegamos a una presa artificial, con una cascada. Para superar este obstáculo nos dirigimos a la base del mismo y lo sorteamos por la izquierda, ascendiendo por unas escaleras de madera que nos facilitan la progresión. De la parte alta de esta pequeña presa obtenemos una panorámica interesante del barranco.

Continuamos la marcha, ahora por un sendero poco definido, pero muy evidente, entre pino y boj. La senda rápidamente desciende al cauce del río, que vamos a sortear continuamente. Este tramo del camino va a ser de itinerario variable dependiendo del caudal de agua, aunque no presenta ningún tipo de dificultad.

Nos encontramos en medio del **barranco d'Os Lucars**, rodeados de altas paredes excavadas en materiales de flysch, rocas de origen sedimentario que se formaron en el interior de mares muy profundos en los que las corrientes de turbidez iban depositando los distintos materiales, alternando capas de materiales de distinta dureza. Posteriormente, con el levantamiento de la cordillera pirenaica, estos materiales quedaron en la superficie, y en el caso del barranco de Os Lucas fueron erosionados y esculpidos por la acción del agua, dando lugar al magnífico barranco donde nos encontramos.

Tras avanzar de forma alterna por el interior del barranco, y por su margen derecha, llegamos a la bella **cascada de Orós Bajo**. En realidad estamos bajo dos saltos de agua de 15 m y 30 m, respectivamente y separados entre sí por una badina. En la caída de la cascada inferior también se forma una magnífica badina de transparente agua de color turquesa. Sin duda, la belleza del lugar es sobrecogedora.

Hay que mencionar que el caudal de este barranco puede variar notablemente según la época del año. Sin duda, los meses primaverales serán los más generosos.

Este barranco también se desciende en modo deportivo, por lo que no será extraño coincidir con barranquistas que realizan el descenso. El retorno a **Orós Bajo** lo realizamos siguiendo el mismo itinerario.

De nuevo en la zona de aparcamiento podemos completar la jornada con la visita al pueblo y especialmente a la **iglesia románica de Santa Eulalia**, incluida en la ruta de las iglesias del Serrablo. Esta pequeña joya del siglo XI

Iglesia románica de Santa Eulalia

está formada por una nave cubierta de madera y ábside decorado con arcuaciones ciegas, y un ventanal. Adosado a este cuerpo principal encontramos el porche, la torre y la sacristía, edificadas con posterioridad. El cementerio y los muretes de piedra complementan el armónico conjunto.

Cascada de Orós Bajo

- **Inicio:** Por la N-260 hasta Yebra de Basa. Al llegar al pueblo hay que cruzarlo y continuar hasta la ermita del Angusto, con espacio para dejar el vehículo.
- **Duración:** 4 h 30 min (2 h 30 min ida)
- **Desnivel:** 680 m
- **Distancia:** 12 km

La romería de Santa Orosia y el dance de Yebra de Basa

Cada 25 de junio se celebra en Yebra de Basa la romería en honor a Santa Orosia. A primera hora de la mañana los romeros, venidos de distintos pueblos del Sobrepuerto, la Galliguera, la Guarguera, el valle Mangueta y la Sotonera, salen en procesión hacia la ermita de Santa Orosia, portando banderas, cruces y un busto de plata del siglo XV. Al son del chiflo y el salterio, dos instrumentos tradicionales altoaragoneses, los danzantes, ataviados con vistosos trajes de colores y sombreros de flores, interpretan los dances de palotiau, golpeando con sus palos de boj. Durante el camino hacen paradas en las ocho ermitas que jalonan el itinerario, hasta alcanzar la ermita de Santa Orosia, en el puerto. Allí sigue la fiesta con dances, una celebración religiosa, la comida y los brindis, donde se recita la pastorada y el martirio de Santa Orosia. Esta romería, repleta de fiesta y tradición, es una de las más bonitas y auténticas de Aragón.

Vista del entorno desde el barranco de Santa Orosia

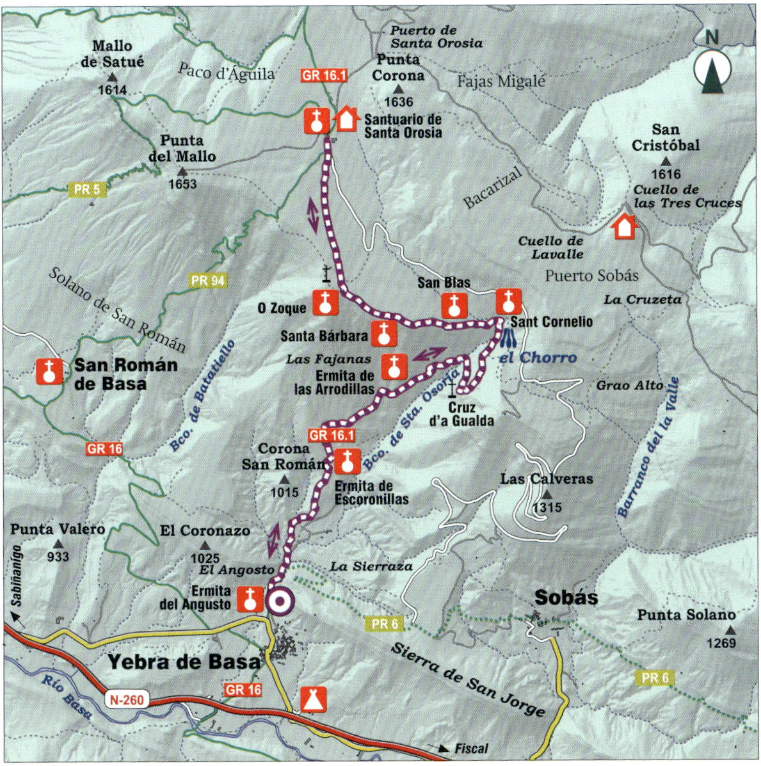

Mallo
de Satué
▲ 1614

Paco d'Águila

Puerto de
Santa Orosia

GR 16.1

Punta
Corona
1636

Fajas Migalé

Punta
del Mallo
1653

Santuario de
Santa Orosia

PR 5

Bacarizal

San
Cristóbal
▲ 1616
Cuello de
las Tres Cruces

Solano de San Román

PR 94

O Zoque

San Blas

Cuello de
Lavalle

Puerto Sobás

La Cruzeta

Santa Bárbara

Sant Cornelio

San Román
de Basa

Las Fajanas

el Chorro

Grao Alto

GR 16

Ermita de
las Arrodillas

Bco. de Batatiello

Bco. de Sta. Osoria

Cruz
d'a Gualda

Barranco de la Valle

GR 16.1

Corona
San Román
1015

Ermita de
Escoronillas

Las Calveras
1315

Punta Valero
933

El Coronazo
1025

El Angosto

La Sierraza

Sobás

Punta Solano
1269

Ermita
del Angusto

PR 6

Sabiñánigo

Yebra de Basa

Sierra de San Jorge

PR 6

Río Basa

N-260

GR 16

Fiscal

Camino hacia la cascada del Chorro y ermita de San Cornelio

Cascada del Chorro y ermitas rupestres de San Cornelio y la Cueva

La excursión

Comenzamos en la **ermita del Angusto**, situada a las afueras de **Yebra de Basa**. Siguiendo la señalización del PR-HU 4 y del GR 16.1, tomamos la pista de la izquierda, que rápidamente nos conduce al **barranco de Santa Orosia**. Aquí dejamos los caminos de Cortiellas, Sobas y Fiscal, y continuamos por la senda de la izquierda hacia la **ermita de Santa Orosia**. Cruzamos dicho barranco por un puente y observamos el curioso paisaje de cárcavas grisáceas, fruto de la erosión de las margas. Más adelante cruzamos otro pequeño barranco e iniciamos un tramo de ascenso entre bojes y aliagas. Tras media hora llegamos a la **ermita de las Escoronillas**, situada a media ladera de la montaña. Continuamos, siempre en ascenso, con la vista al fondo del barranco y a sus farallones rocosos. Poco a poco la vegetación va incorporando algún pino, roble y abedul, hasta que llegamos a la **ermita de As Arrodillas**. Este pequeño templete blanco tiene una gran piedra incrustada, en la que se distinguen dos huecos y unos largos cortes; según la tradición, son las marcas de Santa Orosia cuando la decapitaron.

La senda va a buscar el fondo del **barranco de Santa Orosia**, pasando por un tramo muy pedregoso, ya que al estar en una zona de conglomerados de las paredes se desprenden numerosas piedras que se reparten por la ladera de la montaña. Llegamos al citado barranco, de gran belleza por las cascadas y pozas que va formando; lo cruzamos por una pasarela de madera y continuamos por una zona con más vegetación. Entre pinos, robles y bojes llegamos a un pequeño desvío a la derecha con un cartel que nos indica "Cruz d'a Gualda", lo tomamos unos escasos 10 m y llegamos a un magnífico mirador natural sobre el **valle de Basa**, con una cruz.

Volvemos al camino principal y continuamos ascendiendo hasta llegar a otra bifurcación, señalizada. Hacia la derecha parte un sendero que va a Sorna, Cortillas y a la pista de Santa Orosia; nosotros continuamos por el vial de la izquierda, siguiendo el sendero rojiblanco.

Llegamos de nuevo al barranco, lo cruzamos y, justo frente nuestro, tenemos el escarpe rocoso donde están enclavadas las **ermitas rupestres de San Cornelio y la Cueva**, con la imponente **cascada del Chorro**, que desciende justo a su lado, precipitándose por la gran pared de conglomerado. Sin duda esta es una de las grandes estampas de la jornada.

El sendero nos lleva justo hasta la pared, donde se bifurca. Hacia la derecha podemos acceder a la **ermita de San Cornelio**, con dos campanas, y donde se encontraron los restos de la santa. Tras su visita continuamos por el camino de la izquierda, que nos lleva por una magnífica faja enclavada en la roca. Pasamos bajo la **ermita de la Cueva** y la **cascada del Chorro**, sin duda el lugar más espectacular de la ruta, y después de admirar dicho enclave continuamos por la faja, con numerosas cavidades en la pared. Pasamos junto a las **ermitas de San Blas y de Santa Bárbara**, ambas también incrustadas en la roca, hasta que el sendero nos conduce a la parte alta de la montaña, donde encontramos la **ermita de O Zoque**. Descubrimos magníficas vistas del macizo del Monte Perdido, pero también del Monte Oturia y la **ermita de Santa Orosia**, hacia donde nos dirigimos. Un camino desdibujado, entre boj y erizones, nos conduce hasta la mencionada ermita y la fuente homónima, justo al lado.

El retorno lo efectuamos por el mismo camino.

7

Sobrepuerto
Puen das Crabas

- •··· **Inicio:** Por la N-260 hasta Fiscal. Allí tomamos el desvío a Bergua, por el que llegamos por una pista asfaltada de 7 km. Estacionamos en las afueras del pueblo.
- ☾ **Duración:** 3 h
- ▲ **Desnivel:** 425 m
- ··· **Distancia:** 7,54 km

Sobrepuerto

El área del Sobrepuerto, situada entre las comarcas del Alto Gállego y Sobrarbe, es una zona montañosa, de relieves suaves, delimitada por los ríos Gállego, Ara y Guarga. Su punto más bajo está en el barranco Forcos, a 1.000 m de altitud, mientras que su techo, el Manchoya, alcanza los 2.030 m. Otras cumbres de la zona son Pelopín, Erata y Oturia. Antaño sus habitantes se repartían entre nueve pueblos: Ainielle, Ayerbe de Broto, Basarán, Cillas, Cortillas, Escartín, Otal, Sasa y Bergua. En la actualidad solo este último está habitado. Fruto de la intensa ocupación de la zona, nos ha quedado un legado de antiguos caminos, los que iban de pueblo a pueblo, muy interesantes para recorrer y descubrir así los interesantes rincones que esconde este territorio.

Camino tradicional en Bergua

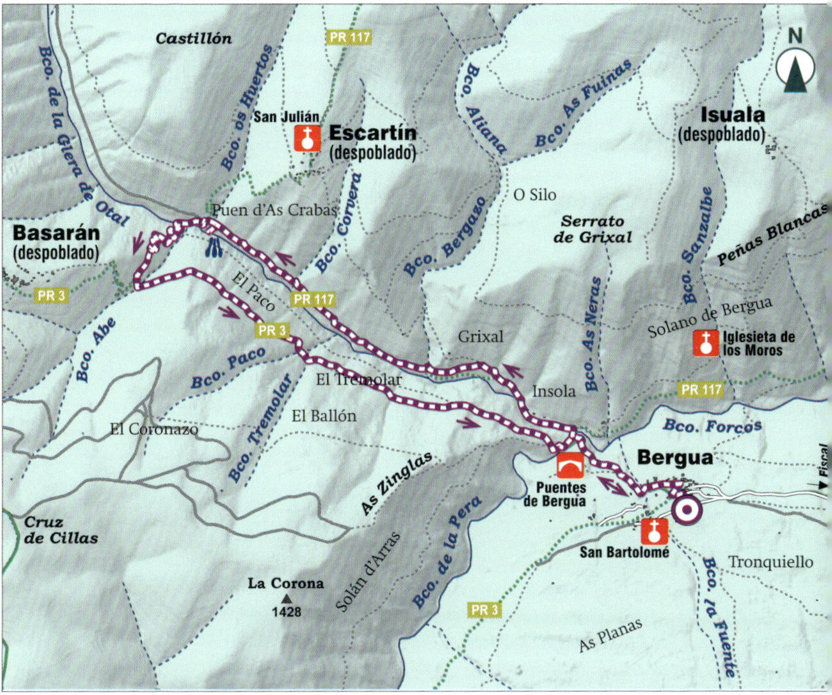

Castillón
PR 117
Bco. de la Glera de Otal
Bco. os Huertos
San Julián
Escartín
(despoblado)
Bco. Altiana
Bco. As Fuinas
Isuala
(despoblado)
Puen d'As Crabas
O Silo
Serrato de Grixal
Bco. Corpera
Bco. Bergazo
Bco. Sanzalbe
Peñas Blancas
Basarán
(despoblado)
PR 3
El Paco
PR 117
PR 3
Bco. Abe
Bco. Paco
Bco. Tremolar
El Tremolar
El Ballón
Grixal
Insola
Bco. As Neras
Solano de Bergua
Iglesieta de los Moros
PR 117
Bco. Forcos
El Coronazo
As Zinglás
Bco. de la Pera
Puentes de Bergua
Bergua
Fiscal
Cruz de Cillas
San Bartolomé
Tronquiello
Bco. fa Fuente
La Corona
1428
Solán d'Arrás
PR 3
As Planas

Cascada del Puen das Crabas

La excursión ▼

Iniciamos la ruta en la pista forestal que nos ha conducido hasta **Bergua**, junto a sus casas. En dicho vial ya vemos un cartel indicador. Siguiendo la señalización del PR-HU 117, hacia Escartín/Otal, recorremos las calles de Bergua, emplazándonos en su extremo noroeste. Junto a la última casa encontramos un panel explicativo sobre la **ermita rupestre de la Iglesieta de los Moros**, de gran interés. Aquí tomamos el sendero que rápidamente nos envuelve en un universo vegetal. La humedad, la umbría y la oscuridad se apoderan del camino, que entre muretes de piedra recubiertos de musgo nos conduce, tras 15 min de descenso, a la confluencia de los **barrancos de la Pera y Otal**. Aguas abajo, el barranco pasa a denominarse **barranco de Forcos**. En este lugar, de gran belleza, se forman numerosas pozas en el río, muy visitadas en los meses estivales. Cruzamos los barrancos por sendos puentes y nos situamos en la margen izquierda del barranco de Forcos, donde el PR-HU 117 se bifurca. Tomando el vial de la derecha podríamos ir a Ayerbe de Broto y a la citada Iglesieta de los Moros, pero tomamos el camino de la izquierda, hacia Escartín y Otal.

Continuamos el itinerario entre pino, boj, espino blanco… y algún murete de piedra que nos evoca el trasiego de estos caminos en un tiempo pasado. Pasamos junto a una borda y seguimos en ascenso, alejándonos paulatinamente del cauce del río. Poco a poco van apareciendo grandes ejemplares de quejigos, que comparten territorio con pinos y boj.

Llegamos a una bifurcación; hacia la derecha continúa el sendero a Escartín, y nosotros tomamos el vial de la izquierda a Basarán y Otal por barranco. El magnífico sendero atraviesa los **barrancos de San Clemente, Corbera** y cuando casi estamos en el **barranco Os Huertos**

encontramos una discreta señalización a la izquierda, con hitos. Abandonamos la senda principal y tomamos dicho desvío, que nos lleva en pocos minutos hasta la magnífica **cascada del Puen das Crabas**, donde las aguas del **barranco de Otal** esculpen un idílico paisaje rodeados de una exuberante vegetación. Hipnotizados con tanta belleza seguimos descubriendo este paraje único, con el **barranco de Os Huertos** a la derecha, y a nuestras espaldas continúa el sendero hacia una pequeña cueva y una magnífica vista del estrecho pasadizo que el río ha esculpido en la roca de flysch. Este barranco se desciende en modo deportivo, actividad muy recomendable por la belleza del paraje.

A continuación volvemos al sendero principal, cruzamos el **barranco de Os Huertos** y llegamos a una bifurcación. Tomamos el sendero hacia **Basarán**, por el PR-HU 3. El itinerario remonta el barranco unos metros y a continuación lo cruza; en este tramo hay que prestar especial atención a la señalización con hitos. Una vez situados en la margen derecha del **barranco de Otal** avanzamos en continuado ascenso entre avellanos, quejigos y boj, hasta un camino transversal. Dejamos a la derecha la ruta a Basarán y tomamos el camino de la izquierda, a **Bergua**. Pocos metros más adelante cruzamos el barranco de Abé, que habitualmente presenta un fuerte estiaje.

La cómoda senda transcurre ahora por el **paco de Basarán**, una umbría ocupada principalmente por hayas, con sotobosque de boj. Llegamos de nuevo a los **puentes de Bergua**, justo entre los dos barrancos que hemos cruzado casi al inicio de la ruta. Tomamos el sendero a la derecha, cruzamos el **barranco de la Pera** y regresamos a **Bergua** por el húmedo sendero que hemos realizado con anterioridad.

Barranco de Forcos

8

Valle de Bujaruelo
Cascada Cabieto, salto Pich y cascadas de Ordiso

- •⋯ **Inicio:** Por la carretera N-260 y la A-135 llegamos a Torla. Desde allí seguimos por la carretera hacia Ordesa, y en el puente de los Navarros nos desviamos a la izquierda a San Nicolás de Bujaruelo por pista forestal, apta para todo tipo de vehículos.

- ◖ **Duración:** 3 h 40 min

- ▲ **Desnivel:** 395 m

- ⋯ **Distancia:** 12,23 km

El valle de Bujaruelo

El valle de Bujaruelo está situado en la zona periférica del Parque Nacional de Ordesa y Monte Perdido y debe su morfología al paso de los glaciares de tiempos pasados. Testigo de los primeros pasos de un joven río Ara, que nace bajo el vecino macizo de Vignemale, a su paso por San Nicolás de Bujaruelo se remansa bajo un precioso puente románico. Dicha construcción medieval, fotografiada por todos los visitantes del valle, ha sido testigo del trasiego de gentes muy variadas a lo largo de la historia: peregrinos, pastores, viajeros, soldados, contrabandistas, maquis… hasta llegar a nuestros días, donde lo utilizan los excursionistas y amantes de la naturaleza. Junto al puente encontramos las ruinas de la ermita de San Nicolás y el reformado mesón de San Nicolás de Bujaruelo, un antiguo hospital de peregrinos reconvertido actualmente en un refugio de montaña.

Valle de Bujaruelo y río Ara

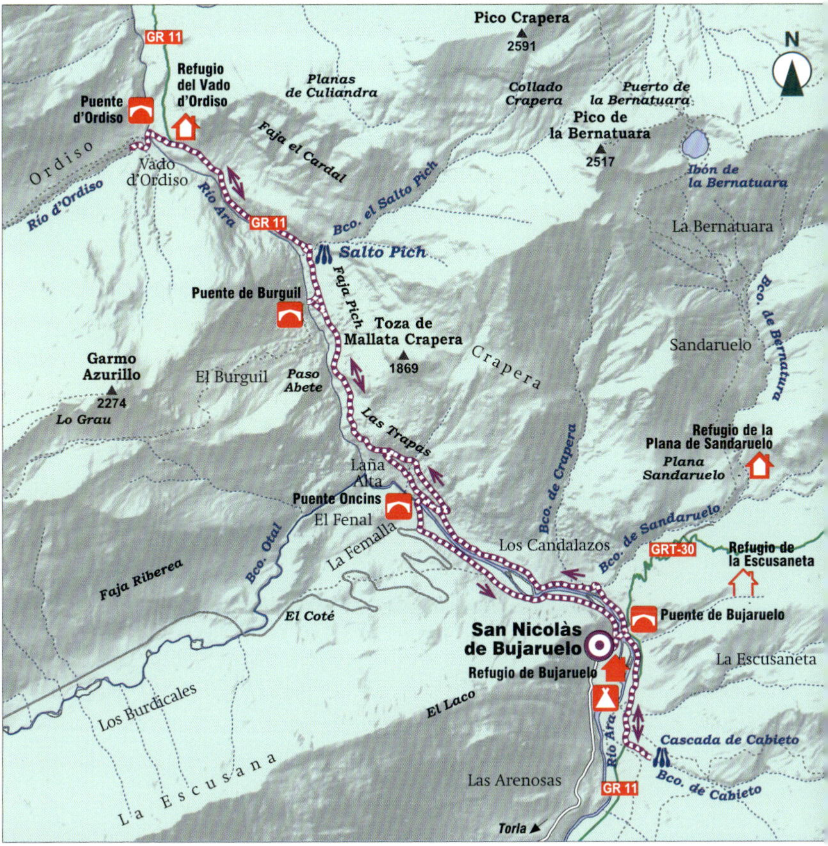

N

Pico Crapera
▲
2591

Planas
de Culiandra

Collado
Crapera

Puerto de
la Bernatuara

GR 11

Refugio
del Vado
d'Ordiso

Pico de
la Bernatuara
▲
2517

Ibón de
la Bernatuara

Puente
d'Ordiso

Faja el Cardal

O r d i s o

Vado
d'Ordiso

Río d'Ordiso

Río Ara

GR 11

Bco. el Salto Pich

Salto Pich

La Bernatuara

Bco. de Bernatuara

Faja Pich

Sandaruelo

Puente de Burguil

Toza de
Mallata Crapera
▲
1869

C r a p e r a

Refugio de la
Plana de Sandaruelo

Garmo
Azurillo
▲
2274

Lo Grau

El Burguil

Paso
Abete

Las Trapas

Bco. de Crapera

Plana
Sandaruelo

Laña
Alta

Bco. de Sandaruelo

Puente Oncins

El Fenal

Los Candalazos

GRT-30

Refugio de
la Escusaneta

La Femalla

Faja Riberea

Bco. Otal

El Coté

Puente de Bujaruelo

La Escusaneta

San Nicolàs
de Bujaruelo

Refugio de Bujaruelo

Los Burdicales

El Laco

Río Ara

Cascada de Cabieto

L a   E s c u s a n a

Las Arenosas

Bco. de Cabieto

GR 11

Torla ▲

Puente de Bujaruelo

Cascada de Cabieto

La excursión

Partimos del **aparcamiento de San Nicolás de Bujaruelo** y nos dirigimos hacia el puente románico, lo superamos, y llegamos a un cruce de caminos. De frente, la senda asciende al puerto de Bujaruelo; nosotros tomamos el vial de la derecha, señalizado como GR 11, en dirección hacia el **puente de los Navarros**. El sendero avanza entre bojes y árboles variados, después pasa una pedrera y finalmente se adentra en un magnífico bosque de abetos, hayas y sotobosque de boj. Llegamos a una bifurcación; hacia la derecha continúa el GR, aquí lo abandonamos y continuamos por la izquierda. Cruzamos el **barranco de Escusaneta** y continuamos hasta el **barranco de Cabieto**; justo antes de cruzarlo tomamos una pequeña senda a la izquierda, que remonta el barranco por su derecha orográfica y nos lleva, tras 20 min de marcha, a la **cascada de Cabieto**.

Al finalizar la visita retrocedemos hasta el **puente de Bujaruelo**, donde continuamos de frente, siguiendo el trazado rojiblanco hacia la **cabaña del Vado de Ordiso**. La senda, que avanza por la margen izquierda del **río Ara**, progresa por el fondo del valle, alternando zonas de prado y boj. Cruzamos el **barranco de Sandaruelo** por un puente y continuamos por el fondo del valle, con numerosas flores en los meses primaverales. Dejamos a la derecha el desvío hacia los tejos de Crapera y seguimos con la magnífica estampa de la peña de Ordiso y el Garmo Azurillo frente nuestro, mientras que a nuestras espaldas dejamos el pico Escuzaneta y la imponente cara norte del Mondarruego.

Después de atravesar las **praderas de Laña Larga**, entre bojes, tejos y servales, llegamos a una pista forestal. Por ella continúa el trazado rojiblanco. Nosotros cruzamos la pista y tomamos un sendero al otro lado que nos ataja un poco la pista. También es correcto continuar por la pista, hacia la derecha.

El atajo nos lleva de nuevo a la pista, cerca de la zona de **las Trapas**, con buenas vistas del valle de Bujaruelo y de Otal. La pista forestal nos sumerge en un magnífico hayedo, húmedo y lleno de vida. Tras 1 h 30 min encontramos un pequeño desvío, a la izquierda, para ir al **puente colgante de Burguil**. Lo tomamos y en apenas 5 min estamos ya en el citado enclave. Aquí la bravura del joven **río Ara** nos aporta fuerza y frescor. Regresamos a la pista principal, y continuamos remontando el valle hasta encontrar, a la derecha, el magnífico **salto Pich**, que

Cascada de Ordiso

desciende de forma elegante por el escarpe rocoso.

Continuamos hasta el **refugio del Vado de Ordiso**, con buenas vistas del citado valle y de las cascadas que se forman al descender de él. Aquí abandonamos el GR 11 y continuamos por el camino que desciende al Ara. Antes de cruzarlo admiramos la magnífica estampa que nos brinda el imponente **macizo de Vignemale**.

Cruzamos el río y nos desviamos hacia la izquierda, dirigiéndonos directos al barranco para alcanzar las bellas **cascadas de Ordiso**, que van formando pozas al precipitarse por la empinada pendiente. Para la vuelta a Bujaruelo, tomamos la pista forestal, que ya no abandonamos en ningún momento. Pasamos el **puente Oncins** y llegamos a la fuente de la Femalla, donde dejamos a la derecha el camino al valle de Otal. El tramo final lo realizamos por la margen derecha del Ara hasta **San Nicolás de Bujaruelo**.

Salto Pich

Cascada de Ordiso

- **Inicio:** Por la carretera N-260 y la A-135 llegamos a Torla. Desde allí seguimos hasta el aparcamiento de la Pradera de Ordesa (obligatorio ir en bus desde Torla en los meses de verano, Semana Santa y algunos puentes festivos).
- **Duración:** 5 h 30 min
- **Desnivel:** 580 m
- **Distancia:** 17,8 km

El valle de Ordesa

El valle de Ordesa, uno de los cuatro que forman el Parque Nacional de Ordesa y Monte Perdido, debe su estructura al paso de los grandes glaciares hace 65.000 años. Estos esculpieron un perfecto valle en artesa, que posteriormente la acción fluvial y la naturaleza de sus materiales calcáreos transformarían, dando lugar a una magnífica garganta subglacial en la zona del estrecho, con bonitas cascadas.

La excursión ▼

Partimos de la **pradera de Ordesa** por el camino de la derecha, cuyo primer tramo coincide con el sendero accesible. Llegamos al **puente de los Cazadores**, donde el río Arazas nos muestra una bella imagen con las imponentes paredes del Tozal del Mallo, Gallinero, Fraucata y Punta Acuta. Dejamos atrás los senderos de Turieto y senda de los Cazadores, y seguimos por el vial de

Circo de Soaso

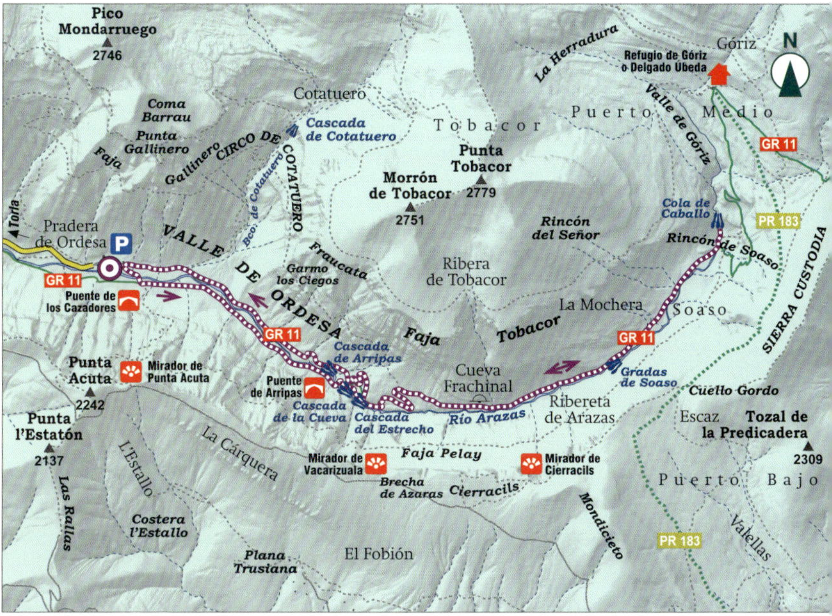

la izquierda, remontando el río por su margen izquierda y haciendo uso del sendero accesible.

Un agradable paseo por el hayedo nos lleva a un mirador sobre el **circo de Cotatuero**, donde las verticales paredes albergan una magnífica cascada. Aquí acaba el sendero accesible, nosotros continuamos por el camino que sigue remontando el valle entre un gran ambiente forestal con hayas, pinos, sauces, enebros y acebos. Más adelante la presencia de abetos nos conduce al **mirador de los Bucardos**, justo sobre la **cascada de Arripas**. Desde este lugar nos abruma la presencia de las grandes paredes de Ordesa, murallas calizas formadas por materiales del Cretácico y del Terciario.

De nuevo en el sendero principal cruzamos el **Arazas** por el **puente de Arripas**, tras 1 h de marcha. Un cómo-

Gradas de Soaso

do ascenso nos lleva a un desvío, a la derecha, para visitar las **cascadas de la Cueva y del Estrecho**, sin duda unas de las protagonistas de la jornada.

Tras su visita volvemos al camino principal y continuamos en ascenso hasta alcanzar la amplia pista del **valle de Ordesa**, por la que continuamos hacia la derecha. Esta nos conduce al bosque de las Hayas, con un pequeño refugio de troncos, donde un magnífico ambiente forestal nos envuelve y maravilla. Después de 1 h 40 min de marcha alcanzamos la **cueva Frachinal**, un gran abrigo rocoso situado bajo las paredes de **Punta Tobacor**. A partir de este punto la pendiente se vuelve más suave y el bosque va desapareciendo progresivamente, dando paso a prados de montaña. Llegamos a la **Ribereta de Arazas**, donde la pista se convierte en sendero y sigue remontando el **Arazas** por su margen derecha.

El sendero, que no ofrece pérdida posible, nos conduce a las **Gradas de Soaso**, un conjunto de cascadas encadenadas por las que el Arazas desciende de forma muy estética y elegante. Este armonioso conjunto está formado por la alternancia de capas de materiales de distintas durezas, ofreciendo una res-

puesta distinta a la erosión.

Remontamos el escalón que el río genera en este tramo y alcanzamos la gran **llanura de Soaso**, donde admiramos la forma característica en artesa del valle glaciar, paredes verticales esculpidas por el paso de los glaciares y un fondo plano por el que transcurren las aguas de un joven **Arazas**, de curso serpenteante. Frente nuestro, un gran anfiteatro natural nos muestra las cumbres de los grandes de la zona, **las Tres Sorores**, presididas por el imponente **Monte Perdido**.

Avanzamos por la gran **llanura de Soaso**, recubierta de numerosas flores en los meses estivales, y cuyas laderas se tiñen de amarillo con la floración del erizón a finales de junio. Agudizando nuestros sentidos quizás podamos descubrir el chillido de las marmotas o la presencia de sarrios, fauna salvaje que habita en el parque.

Alcanzamos el **circo de Soaso**, cuyas paredes verticales albergan, a la izquierda, la **cascada de Cola de Caballo** (3 h), visitada por miles de personas a lo largo del año. Las aguas de este popular salto de agua provienen de un manantial kárstico ubicado unos cientos de metros más arriba, la **fuen-**

Estampa invernal de la cascada del Estrecho

te Garcés, saliendo a la superficie en la bella cascada.

Para volver a la **pradera de Ordesa** deshacemos el camino hasta la unión con el itinerario de las cascadas, lo ignoramos y continuamos por la pista principal, pasando por la **fuente de Arripas** y el mirador homónimo sobre la cascada, que ya hemos visitado con anterioridad.

Seguimos en descenso hasta alcanzar el fondo del valle. Llegamos a un pilarete dedicado a la Virgen del Pilar, de donde parte a la derecha el sendero hacia **Cotatuero**; lo ignoramos y continuamos hasta el inicio de la ruta.

Cascada de Cola de Caballo

- **Inicio:** Desde Abiego por la carretera A-1227 hasta Bierge, donde seguimos por la HU-341 hasta Rodellar. A la entrada de Rodellar, a la izquierda, hay un gran aparcamiento con un punto de información turística. En temporada baja podemos aparcar en el mismo pueblo.
- **Duración:** 7 h 50 min
- **Desnivel:** 1.250 m
- **Distancia:** 21 km

El Parque Natural de la Sierra y Cañones de Guara

El Parque Natural de la Sierra y Cañones de Guara se caracteriza por tener un magnífico paisaje esculpido en roca caliza. Sus barrancos son estrechos, abruptos y accidentados, con sifones, cascadas, badinas, cuevas… Un paraíso para barranquistas, excursionistas y amantes de la naturaleza. Asimismo, sus altas y verticales paredes atraen durante todo el año a numerosos escaladores.

La excursión ▼

En la entrada de **Rodellar** tomamos el desvío a Cheto. Siguiendo el GR 1, atravesamos el pueblo y continuamos por un camino orlado con muretes de piedra seca, bajo un magnífico encinar. Tras 15 min llegamos a **Cheto**, un pequeño núcleo formado por dos viviendas y varios edificios asociados. Dejamos el sendero que regresa a Rodellar por la **ermita de San Lorenzo**, atravesamos el pueblo y continuamos por el camino de la izquierda hacia Letosa. Ignoramos un desvío que lleva a O Fornocal y continuamos por el GR 1 entre muretes de piedra. Cruzamos el **barranco de Cheto** e iniciamos un tramo de continua-

Senda del GR 1 sobre el barranco Mascún

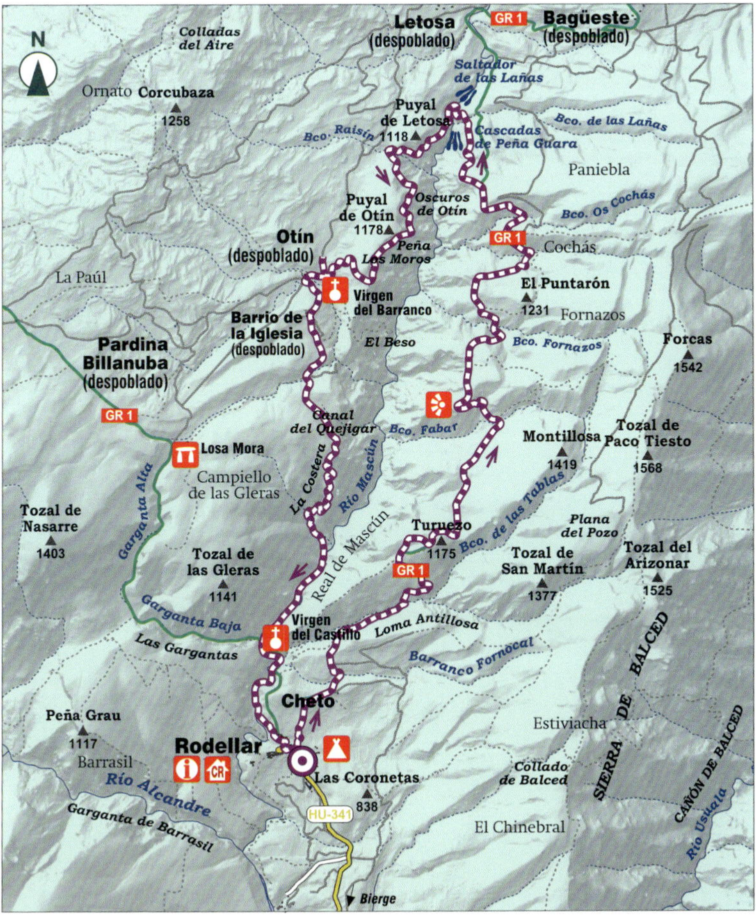
N
Colladas del Aire
Letosa (despoblado)
GR 1
Bagüeste (despoblado)
Saltador de las Lañas
Ornato
Corcubaza
1258
Puyal de Letosa
1118
Bco. Raisín
Cascadas de Peña Guara
Bco. de las Lañas
Paniebla
Puyal de Otín
1178
Oscuros de Otín
Bco. Os Cochás
Otín (despoblado)
Peña Los Moros
GR 1
Cochás
La Paúl
Virgen del Barranco
El Puntarón
1231
Fornazos
Barrio de la Iglesia (despoblado)
El Beso
Bco. Fornazos
Forcas
1542
Pardina Billanuba (despoblado)
GR 1
Canal del Quejigár
Bco. Fabar
Montillosa
1419
Tozal de Paco Tiesto
1568
Losa Mora
Campiello de las Gleras
La Costera
Río Mascún
Garganta Alta
Tozal de Nasarre
1403
Real de Mascún
Turuezo
1175
Bco. de las Tablas
Plana del Pozo
Tozal de las Gleras
1141
GR 1
Tozal de San Martín
1377
Tozal del Arizonar
1525
Garganta Baja
Virgen del Castillo
Loma Antillosa
Las Gargantas
Barranco Fornocal
SIERRA DE BALCED
Cheto
Peña Grau
1117
Estiviacha
Rodellar
Barrasil
Las Coronetas
838
Collado de Balced
CAÑÓN DE BALCED
Río Alcandre
Garganta de Barrasil
HU-341
El Chinebral
Río Usuala
Bierge

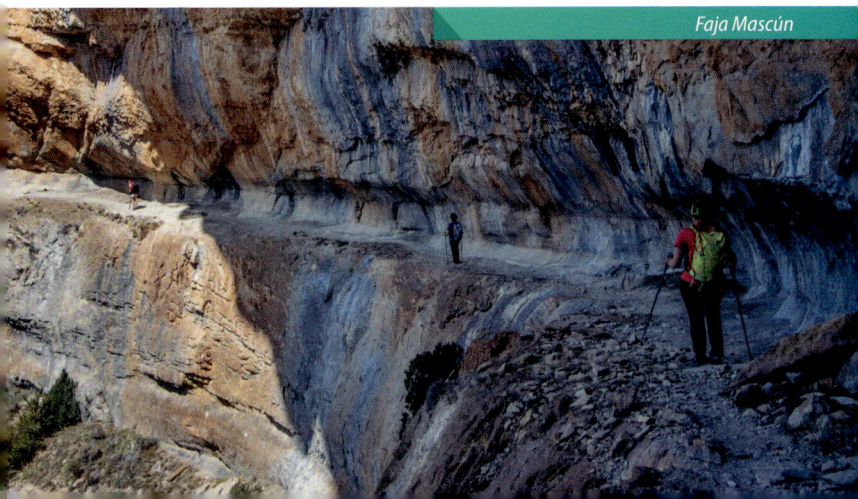

Faja Mascún

do ascenso por un terreno típico de la **sierra de Guara**, con sabinas, enebros, bojes, carrascas y aromáticas. Dejamos un desvío a la derecha a "Cresta Balcez - Loma Antillosa" y más adelante otro a la izquierda a la "Ermita de la Virgen del Castillo - Fuente de Fonciachas"; seguimos en ascenso por el GR 1 hacia las Bellostas por Letosa.

Tras 3,1 km, y justo antes de cambiar la dirección de la marcha hacia el este, llegamos a un pequeño mirador natural (a la izquierda del sendero) desde donde podemos disfrutar de una panorámica impresionante sobre el **barranco del Mascún**, sus infinitas formas erosivas y, como telón de fondo, el **macizo de Tres Serols**. Continuamos hasta atravesar el **barranco del Fabar**, donde dejamos un desvío al "Pozo de nieve - Bagueste". A continuación un tramo de ascenso nos lleva a un segundo **mirador sobre el Mascún** y su entorno. Seguimos la marcha por el característico terreno calizo de la sierra, con numerosos fósiles de foraminíferos, lo que nos indica que estas rocas se formaron en el interior de un mar tropical, cálido y repleto de vida. Cruzamos varios barrancos y llegamos a otra bifurcación, dejamos el ramal que va a Santa Marina y seguimos por el GR 1. Cruzamos el **barranco de Cañada Cerrada**, pasamos por los corrales de Letosa y llegamos a una bifurca-

Saltador de las Lañas

ción. Aquí dejamos el GR 1 a Letosa y las Bellostas, y tomamos el sendero de la izquierda, hacia Saltador de las Lañas por faja Mascún. Nos encontramos en una zona con grandes vistas: hacia el norte destaca la iglesia de Baguëste y las cumbres sobrarbenses de Peña Montañesa, Puenta Suelza, Punta Fulsa y el macizo de Monte Perdido. Hacia el sur, el barranco del Mascún ocupa nuestra atención, con sus formas erosivas, fajas y barrancos adyacentes.

El sendero nos lleva a la **faja Mascún**, excavada en la roca, a media altura de un enorme farallón rocoso. Bajo nuestro descubrimos varias cascadas y pozas del interior del **Mascún**.

Tras 4 h llegamos al **Saltador de las Lañas**, una delicada cascada que baja de forma escalonada por la pared, formando pequeñas pozas en ella; la poza final forma un rincón de gran belleza.

Atravesamos el río y continuamos el recorrido por la **faja Raisin** (o sendero d'as Zinglas), que avanza por la margen derecha del río, también excavada en la roca. El aéreo sendero nos brinda imágenes magníficas del interior del Mascún, y después gira hacia el barranco Raisin, donde se adentra para poderlo superar. Al llegar al inicio del mismo encontramos un sendero que va a la pista de Otín; lo ignoramos y continuamos hacia mirador y faja Mascún por el **sendero d'as Peñas Altas**.

Pasamos junto a una ermita y llegamos a **Otín**, atravesamos el núcleo urbano, y a la salida tomamos el sendero de la izquierda, el S-3, hacia Rodellar-Mascún. Pasamos junto al barrio de la iglesia y continuamos hasta unos robles centenarios, de gran porte y belleza. La senda aún continúa un tramo por la parte alta del barranco, hasta que inicia ya un tramo de continuado descenso por el denominado camino de la Costera, con magníficas vistas de las formaciones de la Ciudadela y la Cuca Bellostas, integradas en el interior del **Mascún**. Llegamos al lecho del barranco, por donde avanzamos hasta alcanzar una bifurcación. A la derecha dejamos el camino al dolmen de la Losa Mora, y seguimos por el cauce del Mascún. Rodeados de altas paredes descubrimos la icónica imagen de la ventana del delfín, y alcanzamos la **surgencia del Mascún**, donde el agua mana del interior de la tierra. Seguimos por el camino que va por el fondo del barranco, dejamos a la izquierda un primer desvío que va a Rodellar, y continuamos por el lecho del Mascún, hasta encontrar un segundo desvío, a la izquierda, que nos lleva al inicio de la ruta.

Barranco de Mascún

- **Inicio:** Por la carretera A-138, de Aínsa a Francia hasta Bielsa. Allí tomamos la carretera del valle de Pineta hasta el final, con zona de aparcamiento.
- **Duración:** 4 h
- **Desnivel:** 504 m
- **Distancia:** 7,95 km

El valle de Pineta

El valle de Pineta es un claro ejemplo de valle modelado por la acción de los glaciares. Su artesa glacial, en forma de *U*, es debida al paso del hielo hace 65.000 años. El glaciar iniciaba su andadura en la vertiente norte del Monte Perdido, y finalizaba cerca de Salinas tras 25 km de recorrido. Se estima que su espesor, al paso por Bielsa, era de unos 450 m. Otras cicatrices que dejaron estos hielos en el paisaje fueron el espectacular circo de Pineta, con 1.200 m de caída vertical (por donde se derramaba una gran cascada de hielo), el ibón de Marmorés, morrenas, picos puntiagudos…

La excursión ▼

Salimos del aparcamiento y cruzamos el **río Cinca** por un puente, que nos conduce a una gran explanada donde se encuentra el punto de información del Parque Nacional de Ordesa y Monte Perdido. Desde allí tomamos el sendero que marcha paralelo al río Cinca, por su derecha orográfica. Siguiendo la señalización "Cascadas y Llanos de Lalarri", entre vegetación de ribera y hayas, llegamos al **barranco de los Churros**, que atravesamos por un puente. Desde este lugar tenemos una interesante vista del circo de Pineta, con sus 1.200 m de desnivel,

Circo de Pineta

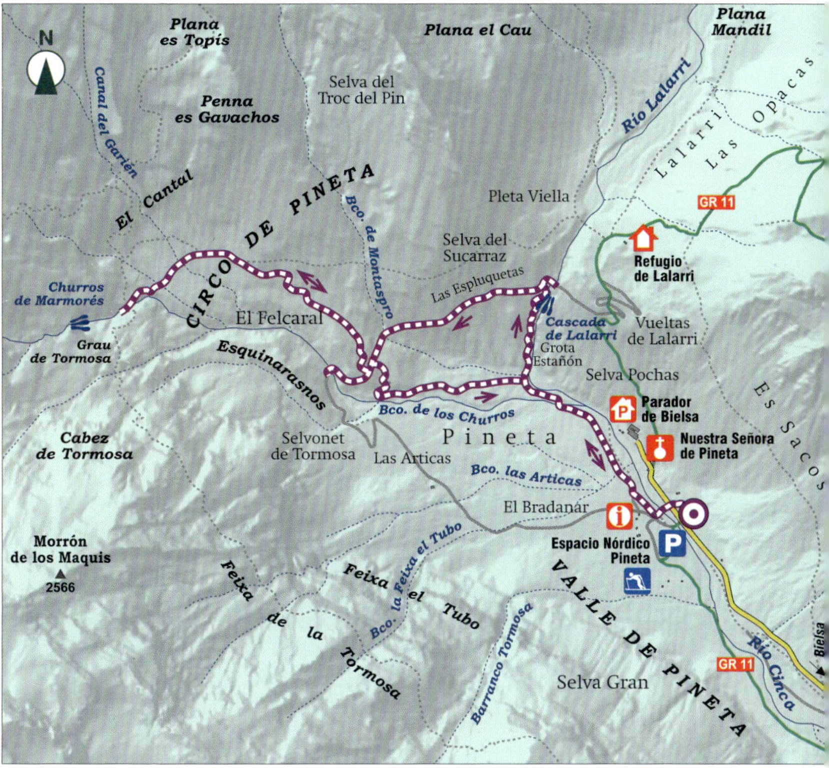

N

Plana es Topís

Plana el Cau

Plana Mandil

Canal del Garén

Selva del Troc del Pin

Río Lalarri

Las Opacas

Penna es Gavachos

El Cantal

CIRCO DE PINETA

Bco. de Montaspro

Pleta Viella

GR 11

Refugio de Lalarri

Churros de Marmorés

El Felcaral

Selva del Sucarraz

Las Espluquetas

Cascada de Lalarri

Vueltas de Lalarri

Grau de Tormosa

Esquinarasnos

Grota Estañón

Selva Pochas

Bco. de los Churros

Es Sacos

Cabez de Tormosa

Selvonet de Tormosa

Las Articas

P I N E T A

Parador de Bielsa

Nuestra Señora de Pineta

Bco. las Articas

Morrón de los Maquis

2566

Feixa

de

la

Tormosa

Feixa la Feixa el Tubo

Bco. la Feixa el Tubo

El Bradanár

Espacio Nórdico Pineta

P

VALLE DE PINETA

Barranco Tormosa

Selva Gran

GR 11

Río Cinca

Bielsa

Churros de Marmorés

las cascadas que por él descienden y las escarpadas cumbres de los picos Garién y Pineta. Siguiendo el sendero llegamos a una bifurcación; hacia la izquierda parte el camino Marboré, por el que volveremos más tarde; ahora seguimos por el vial de la derecha, hacia las cascadas de Lalarri.

Rápidamente llegamos al cauce del río **Lalarri**, donde el sendero inicia un tramo de fuerte y continuado ascenso. Para ayudarnos a superar la marcada pendiente encontramos escalones de madera, así como barandillas y miradores que nos asoman a las múltiples cascadas que forma aquí el río al descender entre las rojizas areniscas del permotriásico. Envueltos entre un paraíso vegetal de hayas, bojes y acebos, llegamos a la pista de Lalarri, por donde nos desviamos a la derecha. Inmediatamente llegamos a la espectacular **cascada de Sucarraz**, donde nos detendremos un instante para sentir su frescor y admirar los magníficos bosques y paredes verticales que forman el valle de Pineta. A continuación nos damos media vuelta y descendemos por la amplia pista que transcurre por un magnífico hayedo, atravesamos el **barranco Montaspro** y continuamos en descenso hasta la confluencia con el camino de Marboré, que cruza la pista.

Tomamos dicha senda hacia la derecha; al principio avanzamos entre hayas, pero pronto las dejamos atrás para entrar en una zona más abierta denominada **el Felqueral**, por la gran cantidad de helechos que hay. Estos comparten el territorio con escaramujos, avellanos, majuelos… y una espectacular vista del gran anfiteatro rocoso del **circo de Pineta**, presidido por la cara norte del Monte Perdido y su glaciar. Otro de los elementos del paisaje es el estético rosario de cascadas escalonadas que descienden por la gran pared, formando el barranco de los Churros, estamos ante el nacimiento del **río Cinca**.

Llegamos a un abrevadero, dejamos atrás la zona más arbustiva y continuamos en ascenso por un terreno mucho más pedregoso. Pasados unos 100 m desde el abrevadero, abandonamos el sendero principal de ascenso al Balcón de Pineta e ibón de Marboré, y tomamos un desvío a la izquierda, marcado con hitos. Este tramo, de trazado evidente, es el camino que conduce a la **faja Tormosa**, y avanza en marcada dirección suroeste. Atravesamos algunos barrancos muy pedregosos, y alcanzamos la base de la cascada del Cinca. En época estival podemos cruzar sus aguas por un puente metálico.

Cascada del río Lalarri

Para el retorno, deshacemos el camino hasta la pista de Lalarri, y antes de continuar con el descenso por el camino de Marboré, nos desviamos hacia la derecha por la pista hasta alcanzar el **barranco de los Churros**. Allí, un puente metálico nos facilita el paso para alcanzar la **fuente de Esquinarasnos**. Desde este lugar hay una buena panorámica del valle de Pineta y del barranco, tanto hacia arriba como hacia abajo. Retrocedemos por la pista hasta el camino de Marboré, que tomamos hacia la derecha y nos conduce, tras un agradable descenso entre hayas, al camino del fondo del valle. Y de este punto retornamos al aparcamiento por el mismo sendero que hemos empleado en la ida.

Cascada de los Churros de Marmorés

Garganta de Escuaín
Surgencia del Yaga y cascadas de la senda colgada

- **Inicio:** Por la A-138 de Aínsa a Francia hasta Escalona. Allí tomamos la carretera local HU-631 al cañón de Añisclo y, en pocos metros, la que se dirige a Belsierre, Puértolas y Escuaín.
- **Duración:** 5 h
- **Desnivel:** 735 m
- **Distancia:** 11,15 km

La garganta de Escuaín

En la garganta de Escuaín, situada bajo los circos de Angonés y Gurrundué y las escarpadas paredes de Castillo Mayor, encontramos un espectacular paisaje kárstico, esculpido por la acción del agua en los abultados espesores de caliza. En el interior de la garganta el agua aprovecha la debilidad de la existencia de una falla para ahondar en dicha roca, dando paso a un profundo cañón. Mientras, en el resto del territorio, el modelado kárstico forma dolinas, sumideros, surgencias, lapiaces, barrancos… y el espectacular sistema subterráneo de Escuaín, la cuarta cavidad más profunda en los Pirineos.

La excursión

De la plaza de **Escuaín**, con fuente y lavadero, salimos por la calle que va junto a la **iglesia de San Pedro**. Siguiendo la señalización de "Faja Cazcarra - Senda colgada y surgencia del Yaga", avanzamos entre ruinas y muretes de piedra hasta alcanzar el **barranco Lugar**, y lo cruzamos. A partir de este punto entramos en el Parque Nacional de Ordesa y Monte Perdido.

Garganta de Escuaín

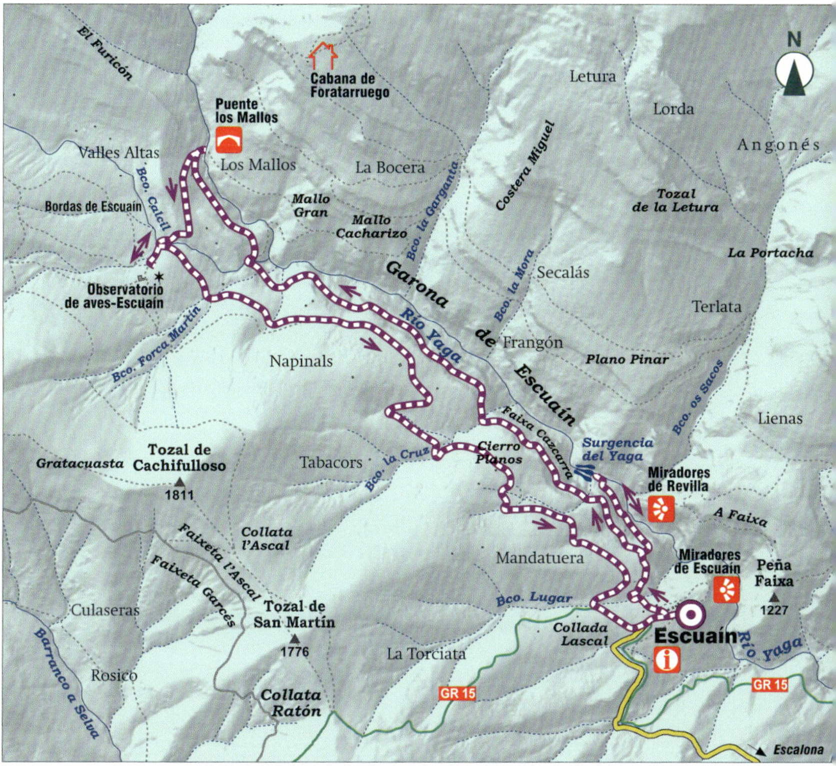

N

El Furicón

Cabana de
Foratarruego

Puente
los Mallos

Letura

Lorda

Angonés

Valles Altas

Bco. Caletl

Los Mallos

La Bocera

Tozal
de la Letura

Bordas de Escuaín

Mallo
Gran

Mallo
Cacharizo

Bco. la Garganta

Costera Miguel

La Portacha

Bco. la Mora

Secalás

Terlata

Observatorio
de aves-Escuaín

Bco. Forca Martín

Napinals

Garona

Río Yaga

de

Frangón

Plano Pinar

Escuaín

Bco. os Sacos

Lienas

Tozal de
Cachifulloso
1811

Gratacuasta

Tabacors

Bco. la Cruz

Cierro
Planos

Faixa Cizcaria

Surgencia
del Yaga

Miradores
de Revilla

A Faixa

Faixeta l'Ascal

Collata
l'Ascal

Mandatuera

Miradores
de Escuaín

Peña
Faixa
1227

Culaseras

Faixeta Garcés

Tozal de
San Martín
1776

Bco. Lugar

Escuaín

Río Yaga

Barranco a Selva

Rosico

La Torciata

Collada
Lascal

GR 15

GR 15

Collata
Ratón

Escalona

Surgencia del Yaga

Cascada en el barranco Calcil

El sendero, que llanea entre bojes, quejigos y fresnos, nos lleva a una bifurcación, donde tomamos el vial de la derecha. Con magníficas vistas del entorno, donde destaca el **circo de Angonés** y los enormes espesores de roca caliza que lo forman, llegamos a una gran losa de roca, equipada con sirgas metálicas y escalones que nos facilitan el paso. Unos metros más adelante alcanzamos una bifurcación; a la izquierda parte el camino de la senda colgada, pero nosotros continuamos por la derecha a la **surgencia del Yaga**, aunque después volveremos a este cruce.

La bajada al **lecho del Yaga** se realiza por terreno muy vertical, de gran pendiente, entre pinos, bojes, avellanos y muchas piedras. Superado este tramo, el sendero realiza un recorrido más transversal, con buenas vistas del interior de la **garganta de Escuaín**, hasta alcanzar una cueva. La atravesamos y descendemos por una escalera de madera. A continuación un delicioso hayedo nos conduce hasta el lecho de la garganta, donde nos aguarda la **surgencia del Yaga**, una cascada que brolla directamente del interior de la tierra y da nacimiento al **río Yaga**.

Tras la visita, retrocedemos hasta el desvío de la senda colgada (1 h 30 min), y lo tomamos a la derecha.

El camino de la **faja Cazcarra** recorre la **garganta de Escuaín** hasta el **puente de los Mallos** por la margen derecha de esta y a cierta altura. Se trata de un recorrido con apenas desnivel que nos descubre vistas magníficas sobre la garganta y las paredes que la forman, bosques, cascadas, pozas y hasta una cueva. Iniciamos el recorrido avanzando por bosques mixtos de pino, boj, acebo, tejo, arce, haya, quejigo… Alcanzamos una zona más despejada de vegetación que nos permite admirar la garganta y las paredes que la forman, y más adelante un pasamanos nos protege de un paso

algo expuesto. El sendero, que va alternando pequeños tramos de sube-baja con otros más horizontales, nos lleva hasta el **barranco de la Cruz**, donde si el caudal es generoso veremos cómo se forma una cascada y una poza en su base. Cruzamos dicho barranco y continuamos hasta alcanzar una cueva situada a la izquierda del camino; su visita es recomendable. Reanudamos la marcha y llegamos a una zona algo expuesta, protegida con sirga metálica, con vistas hacia la garganta.

Llegamos a una bifurcación; a la izquierda dejamos un atajo que nos llevaría a la pista de la Valle; continuamos por la senda colgada y llegamos al **barranco Forca Martín**, donde hay una estética y larga cascada. Cruzamos dicho barranco y alcanzamos el **barranco Calcil**, con una bella cascada esculpida con brío sobre la roca caliza. A sus pies, una poza de aguas turquesas nos completa la idílica estampa. Esta cascada, como el resto de las que encontramos a lo largo de la faja, presenta un fuerte estiaje, así que su momento álgido lo encontraremos en los meses primaverales.

La senda, que avanza por un magnífico hayedo, nos lleva a un camino transversal. Lo tomamos momentáneamente a la derecha para visitar el **puente de los Mallos**. Después retrocedemos por esta senda y continuamos siguiendo la dirección "Observatorio de aves - Escuaín". Más adelante, y después de cruzar un pequeño barranco, llegamos a otra bifurcación. Hacia la derecha continúa el camino al observatorio de aves y cuello Viceto; lo tomamos momentáneamente para visitar el *hide* de observación y volvemos a este punto. Tomamos el sendero hacia Escuaín, que tras cruzar algún barranco nos lleva hasta la pista de la Valle. La tomamos hacia la izquierda, y con buenas vistas de **Castillo Mayor** llegamos al inicio de la ruta.

- **Inicio:** Por la carretera A-138, de Aínsa a Francia hasta Parzán. Continuamos por el mismo vial hasta el PK 87, donde se ubican los antiguos edificios aduaneros, con zona de aparcamiento.
- **Duración:** 3 h 30 min (2 h ida)
- **Desnivel:** 665 m
- **Distancia:** 9,15 km

Paisajes salvajes

El barranco de Tringonier se sitúa entre Urdiceto y Salcorz. En su parte alta encontramos el puerto homónimo, paso natural hacia el valle francés de Moudang, utilizado antaño como nexo de comunicación, intercambio de mercancías y paso de contrabandistas tras la guerra civil española.

Este barranco es angosto y agreste en su parte baja, mientras que en su zona alta se abre y nos ofrece múltiples posibilidades para realizar excursiones interesantes: ibón de Tringonier, puerto de Tringonier, ibones de Mener, y la posibilidad de enlazar distintos lugares realizando un itinerario circular. El carácter salvaje de la parte baja lo convierte en un lugar ideal para el barranquismo, siendo este un descenso deportivo muy estético y de mucha continuidad.

Cascada en el barranco de Tringonier

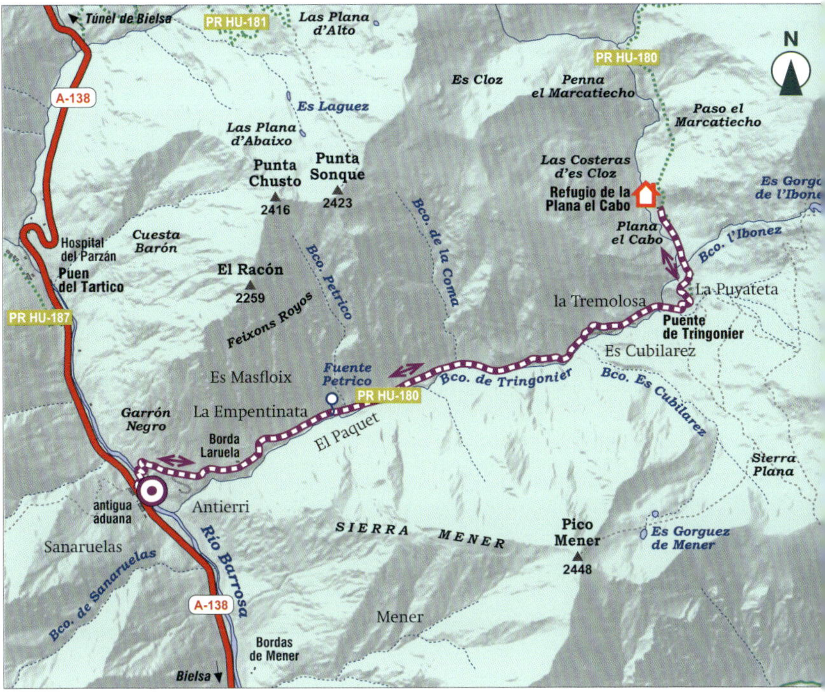

La excursión

Iniciamos la ruta en el aparcamiento de la antigua aduana hispanofrancesa, donde encontramos información de la zona. El itinerario que vamos a seguir coincide con el PR-HU 180, aunque este continúa hasta el puerto de Tringonier. Comenzamos cruzando el **río Barrosa** por un puente de hormigón, y tomamos el sendero de la izquierda, que

Cascada en el barranco de Tringonier

rápidamente asciende por un exuberante bosque mixto con pinos, abetos, servales, boj, robles, avellanos, espino albar… Pasamos junto a una antigua canalización de agua, la cruzamos y siguiendo siempre el trazado principal pasamos bajo la **borda Laruela** y la zona de prados que la rodean. A partir de este punto el trazado del sendero se acerca al **barranco de Tringonier**, aunque sus aguas desciendan metros más abajo. El estruendo del barranco nos acompaña, así como su frescor y abundante vegetación.

Alcanzamos el **barranco Petrico** y su fuente homónima, y tras pasar la zona de **la Empentinata** llegamos a un tramo algo más abierto de vegetación. Al otro lado del **barranco de Tringonier** descubrimos restos de antiguas edificaciones, así como cicatrices y árboles caídos por antiguos aludes.

A partir de este punto, el camino, que sigue remontando el barranco de Tringonier por su derecha orográfica, se aproxima mucho más al cauce, pudiendo descubrir numerosas pozas, cascadas y lugares de gran belleza escondidas entre la abundante vegetación. Pasamos el **barranco de la Coma** y la vegetación va cambiando, dando paso al pino negro. Pequeños prados, salpicados de coloridas florecillas en los meses estivales, nos dan un pequeño respiro en nuestro continuado ascenso, mientras reconocemos la ortiga muerta, genista, pensamiento, pulmonaria, valeriana, lirio azul o pirenaico, dedalera… entre muchas más.

Tras 1 h 40 min de marcha alcanzamos el puente de Tringonier, que cruza el barranco en un lugar de gran belleza, con cascadas en su parte superior e inferior. Para observar mejor la cascada de la parte superior hay que retroceder unos metros por el camino y ascender por dentro del bosque, por una desdibujada senda, hasta un pequeño mirador natural sobre la estética caída de agua. De nuevo en el camino principal cruzamos el mencionado puente y alcanzamos la zona de **la Puyateta**, un repecho herboso que asciende acusadamente hasta un gran llano de origen glaciar, **la plana del Cabo**. Siguiendo la señalización avanzamos por esta gran llanura, hasta alcanzar una bifurcación. A la derecha dejamos el desvío a los **ibones de Tringonier y Mener**, y continuamos por el gran llano hasta el

La plana del Cabo

refugio libre de Tringonier, rehabilitado hace poco. Este pequeño edificio, situado a 1.970 m de altitud, tiene capacidad para seis plazas y dispone de chimenea.

De este punto, y siguiendo el PR-HU 180, podríamos continuar hasta el **puerto de Tringonier**, descubriendo unas delicadas cascadas que forma el barranco en su tramo inicial. Acercarnos a ellas no lleva más de 20 min, es una opción si queremos alargar la ruta.

Situados en el mencionado refugio, ya para regresar al inicio de la ruta, deshacemos el camino, que ahora será en continuado descenso.

Cascada en el barranco de Tringonier

- **Inicio:** Por la carretera A-138 de Aínsa a Francia hasta Lafortunada, donde nos desviaremos por carretera local hasta Badaín.
- **Duración:** 3 h 40 min
- **Desnivel:** 485 m
- **Distancia:** 9,14 km

Las entrañas de un macizo agujereado

El macizo de Cotiella está formado por materiales de naturaleza sedimentaria, calizas que se formaron en el interior del mar y que reconocemos en la actualidad por la presencia de numerosos fósiles marinos. Pero el interior de este gigante está agujereado por la acción implacable del paso del agua al disolver y excavar los materiales que encuentra a su paso. Como consecuencia de ello encontramos un fascinante sistema subterráneo de cavidades, pozos y galerías comunicados entre sí. El agua que por ellos circula alimenta las fuentes de Fornos y la cascada del Chorro, tras recorrer 3 km. A este modesto sistema subterráneo se le unen algunos de la vertiente del Ésera, que recorren casi 10 km bajo tierra para alimentar el caudal del Irués.

La excursión ▼

Comenzamos la ruta en la plaza de **Badaín**, junto a la iglesia. Retrocedemos unos 100 m por la calle principal, hasta alcanzar una plazoleta con señalización del GR 15 y la ruta al Chorro y fuente de Fornos.

Antes de continuar es interesante observar una vieja casa que tenemos aquí. Sus paredes están construidas por un verdadero mosaico geológico: pizarras, calizas, granitos, cuarcitas, areniscas y ofitas… piedras de distintos sitios que el **río Cinca** ha transportado y las gentes del lugar han aprovechado para la construcción de sus casas.

Nos alejamos del núcleo urbano por el GR 15. Un tramo pedregoso y ascendente entre casas y campos de cultivo

Fuente de Fornos

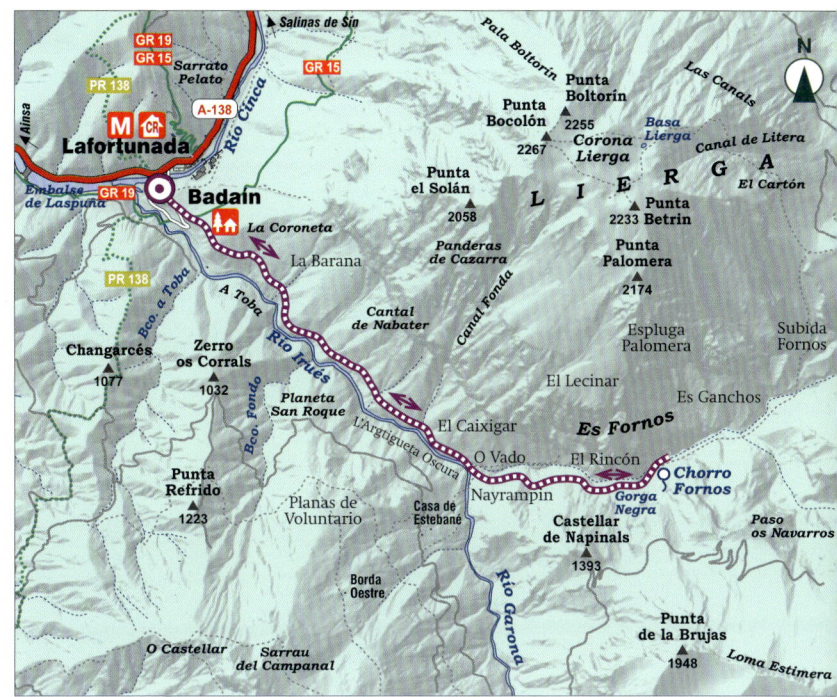

nos conduce hasta una bifurcación, ignoramos el ramal de la izquierda y continuamos por el trazado rojiblanco. Llegamos a una segunda bifurcación; aquí dejamos definitivamente el GR y continuamos por el camino de la derecha, donde un poste indica la dirección a la fuente y Chorro Fornos, y con bonitas vistas de Badaín, Sestrales y Castillo Mayor a nuestras espaldas.

A partir de este momento el sendero por el que vamos a progresar va rodeando la inmensa **falda de Punta Lierga**, una de las montañas que forman el macizo de Cotiella. Inmersos en el interior de un precioso bosque de carrasca, pino y boj avanzamos con tramos de suaves subidas y bajadas, mientras atravesamos algunos barrancos. Tras 20 min de marcha llegamos al barranco de la Barana, que salvamos por un puente. El camino, que no ofrece pérdida posible, avanza por la derecha orográfica del río Irués, aunque alejado de su cauce.

Tras 1 h de marcha llegamos al **Vado de Fornos**, lugar de unión de los ríos Garona e Irués. Rodeados de altas y escarpadas paredes, el entorno nos invita a acercarnos al lecho del río, donde descubrimos un medidor de caudal de agua justo bajo el puente que lo cruza. Reanudamos la marcha, cruzamos el Irués por dicha estructura metálica y continuamos por la senda principal. A continuación, superamos un empinado escarpe rocoso y unos metros más adelante advertimos la presencia de una bifurcación, donde dejamos el camino principal y continuamos por la senda de la izquierda. Este lugar está indicado con hitos de piedra.

El sendero por el que ahora vamos a progresar remonta el Irués por un tramo más accidentado y encajado. Aquí el bosque se torna más húmedo; así van apareciendo especies como el haya y el arce, y el sotobosque es de musgo y boj. Después de 1 h 20 min llegamos a la **fuente de Fornos**, una surgencia natural que mana del interior de la tierra y que alimenta el caudal del Irués con su generosa aportación. La surgencia principal la encontramos bajo el camino, pero otras de menos porte se nos cruzarán en nuestra progresión, por lo que habrá que avanzar con precaución por el terreno resbaladizo y mojado. Continuamos por el delicioso sendero, y tras superar un pequeño escalón equipado con una grapa metálica, llegamos al final del camino. Aquí nos aguarda un gran anfiteatro natural de grandes bloques de roca recubiertos de musgo que descienden por la ladera de la montaña;

Agua que proviene de la cascada del Chorro de Fornos

en su parte superior, un agujero situado a 10 m del suelo escupe agua a presión formando la **cascada del Chorro**. Si hemos venido en primavera, o tras grandes lluvias, nos será muy difícil acercarnos más para ver la cascada, ya que hay que cruzar el rosario de rocas por donde desciende el agua. Pero si el cauce está seco, lo cruzamos y nos acercamos a la base de la pared, donde descubrimos el gran agujero por donde mana el agua que desciende del interior del **macizo de Cotiella**. Para completar la visita podemos descender hasta el lecho del Irués, donde hay una delicada surgencia que forma una espectacular toba calcárea. El retorno a **Badaín** lo acometemos por el mismo itinerario.

Chorro de Fornos

- **Inicio:** Por la carretera A-139 hasta Eriste, donde tomamos la pista forestal de acceso al refugio Ángel Orús, al aparcamiento de la Plleta de l'Estallo (obligatorio ir en bus desde Eriste en los meses estivales).
- **Duración:** 3 h 10 min (3 h 30 min itinerario alternativo)
- **Desnivel:** 690 m
- **Distancia:** 8 km

La ascensión al pico Posets

El pico Posets, de 3.369 m, se corona como el segundo más alto del Pirineo. Para alcanzar su cumbre podemos utilizar varias vías de ascenso, aunque la más común es la conocida como ruta Real, con 1.820 m de desnivel positivo. Habitualmente se realiza en dos etapas: en la primera partimos del parking de la Plleta de l'Estallo, remontamos la Vall de Grist y accedemos al refugio Ángel Orús, a 2.150 m. En la segunda etapa salimos del citado refugio, atravesamos el torrente de Llardaneta y seguimos en ascenso hacia la canal Fonda. Remon-tamos dicha canal hasta el collado del Diente, y de aquí acometemos el tramo final hasta coronar la cumbre del pico Posets.

La excursión ▼

Salimos del aparcamiento por el camino principal, y en tan solo un par de minutos llegamos a los pies de la **cascada de Espigantosa**, de porte muy estético y elegante. Este curso de agua alimenta l'Aigüeta de Eriste por su margen derecho. En este punto, donde termina el amplio camino, encontramos un par

Vall de Grist

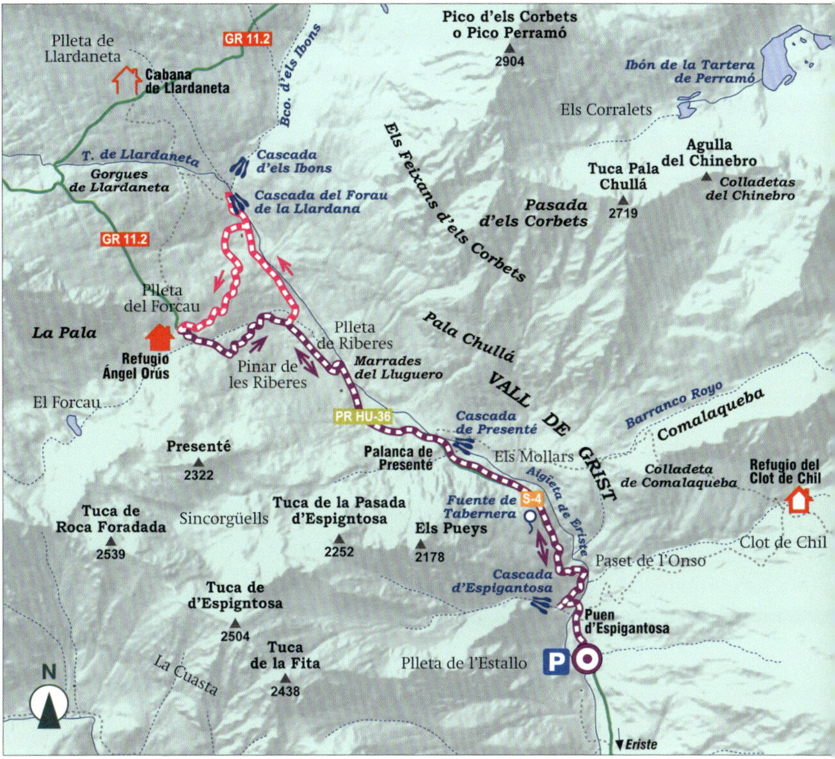

Pico d'els Corbets
o Pico Perramó
2904

Plleta de
Llardaneta

GR 11.2

Cabana
de Llardaneta

Bco. d'els Ibons

*Ibón de la Tartera
de Perramó*

Els Corralets

T. de Llardaneta
Gorgues
de Llardaneta

*Cascada
d'els Ibons*

Els Feixans d'els Corbets

Agulla
del Chinebro

Tuca Pala
Chullá

Colladetas
del Chinebro

*Cascada del Forau
de la Llardana*

Pasada
d'els Corbets

2719

GR 11.2

Plleta
del Forcau

Plleta
de Riberes

Pala Chullá

La Pala

Refugio
Ángel Orús

Pinar de
les Riberes

*Marrades
del Lluguero*

VALL DE GRIST

El Forcau

PR HU-36

*Cascada
de Presenté*

Barranco Royo

Comalaqueba

Presenté
2322

Palanca de
Presenté

Els Mollars

Aigüeta de Eriste

Colladeta
de Comalaqueba

Refugio del
Clot de Chil

**Tuca de
Roca Foradada**
2539

Sincorgüells

**Tuca de la Pasada
d'Espigntosa**
2252

*Fuente de
Taberrera*

S-4

Els Pueys
2178

Clot de Chil

Paset de l'Onso

**Tuca de
d'Espigntosa**
2504

Tuca
de la Fita
2438

*Cascada
d'Espigantosa*

Puen
d'Espigantosa

La Cuasta

Plleta de l'Estallo

P

N

↓ *Eriste*

de bancos de madera, un panel de información sobre la ruta S-4 ("Valle de Eriste: cascada de Espigantosa - Refugio Ángel Orús") y un cartel direccional.

Dejamos a la derecha el desvío al **refugio de Clot de Chil** y continuamos de frente por la senda que cruza **l'Aigüeta de Eriste** por un puente. El sendero as-

Palanca de Presenté

ciende acusadamente y, justo antes del primer giro hacia la derecha, podemos salir del camino para acercarnos más a la cascada y poderla admirar desde otra perspectiva.

De nuevo en el camino avanzamos en ascenso hacia el río. Llegamos al **Paset de l'Onso**, un estrechamiento del **barranco de l'Aigüeta de Eriste**, donde el camino realiza un prominente giro, a la vez que se asoma al bravo barranco. Desde aquí descubrimos una estética cascada que desciende del **canal de Clot de Chill**, y otra en **l'Aigüeta de Grist**, brava y con una poza de aguas turquesas. Este lugar, algo expuesto, está protegido con una barandilla de madera.

Reanudamos la marcha por un magnífico bosque mixto de avellanos, fresnos,

Cascada de Espigantosa

hayas, boj, escaramujo… encajados entre altas paredes, cada vez más alejados del barranco. El continuado ascenso nos lleva a la **fuente de Tabernera**, situada a 1.686 m. Después el camino se suaviza y nos lleva hasta una bifurcación. Justo antes de llegar a ella vemos, a la derecha, la **cascada de Presentet**, situada bajo el puente homónimo.

En la bifurcación, el camino de la derecha nos lleva al **refugio de Clot de Chil**; nosotros continuamos hacia la izquierda, siguiendo la dirección al **refugio Ángel Orús**, aunque es recomendable desviarnos momentáneamente y pasar el puente para observar el paisaje y el entorno del río. De nuevo en el camino principal avanzamos por una planicie con algunos abedules, aunque rápidamente realizamos un tramo de ascenso entre helechos y algún pino negro. Su-

perado este repecho, la senda continúa ya más suave hasta llegar a una gran planicie, con un gran prado a la derecha: la **Plleta de les Riberes**.

Llegados a este punto tenemos dos opciones. La primera consiste en continuar por el camino principal de acceso al refugio, superando una pronunciada pendiente, conocida popularmente como *el rompechulos*, por un trazado en zigzag entre pino negro y rododendro, hasta alcanzar el prominente edificio. La segunda opción (marcada como alternativa en esta publicación) es solo recomendable en los meses de verano y si tenemos un buen sentido de la orientación, puesto que el trazado está muy poco marcado. Para ello, en este punto debemos abandonar el sendero principal y cruzar la gran pradera hacia la derecha. Justo al llegar a

Poza y cascada en el barranco de l'Aigüeta de Grist

una gran piedra, poco antes del cauce del barranco, giramos en dirección norte-noroeste y vamos remontando el barranco, aunque alejados de su cauce, por un sendero poco marcado, pero con algún hito. Tras haber recorrido unos 600 m, desde el camino principal, llegamos a un pequeño rellano donde el desdibujado sendero se bifurca. A este punto volveremos más tarde. Hacia la izquierda accederíamos al **Ángel Orús**, pero nosotros continuamos remontando un poco más **l'Aigüeta de Grist** hasta llegar a la confluencia con el **ba-**

Cascada de Espigantosa

rranco dels Ibons, por donde desciende una larguísima cascada. Tras su visita retrocedemos a la última bifurcación y tomamos el sendero hacia el refugio. Hay que recordar que en este tramo el recorrido está poco definido, aunque sí algo señalizado con pequeños hitos. El continuado ascenso, entre pino negro, nos conduce a la **Plleta del Forcau**, justo bajo el refugio. Una última rampa por terreno despejado nos lleva al **refugio Ángel Orús**, a 2.115 m.

El retorno lo realizaremos por la vía normal de acceso al refugio.

Cascada d'els Ibons

- **Inicio:** Por la carretera A-139 hasta Benasque, donde continuamos unos 3,5 km hacia el norte, al desvío a Vall d'Estós. Aquí tomamos la pista que nos conduce al aparcamiento.

- **Duración:** 4 h 30 min

- **Desnivel:** 590 m

- **Distancia:** 13 km

Un valle salpicado de ibones

El valle de Estós, de 12 km de longitud y con orientación de oeste a este, es un valle de origen glaciar. Muestra de ello la encontramos en su característica forma de perfil en *U* y en la cantidad de ibones que encontramos en sus valles adyacentes. Los ibones eran antiguas cubetas donde se almacenaba el hielo, que con su acción implacable de erosión formó cavidades que el agua ocuparía de inmediato para dar paso a esta nueva formación. Ibones como los de Batisielles, Perramó o Escarpinosa son visitados cada año por miles de personas, amantes de la naturaleza y de los paisajes idílicos.

La excursión ▼

Salimos del aparcamiento, ascendemos por unas escaleras, situadas junto a unos barracones, y continuamos entre avellanos hasta la pista principal de **Vall d'Estós**. La tomamos hacia el norte y ascendemos por una fuerte pendiente de hormigón, junto al **embalse de Estós**, que queda unos metros por debajo nuestro, a la izquierda. Este primer tramo de itinerario coincide con el sendero GR 11. Encajados entre altas paredes descubrimos, a la izquierda, la **cascada de la canal de Marsal**. Continuamos en ascenso, y después de 30 min cruzamos el río Estós por la

Aigüeta de Batisielles

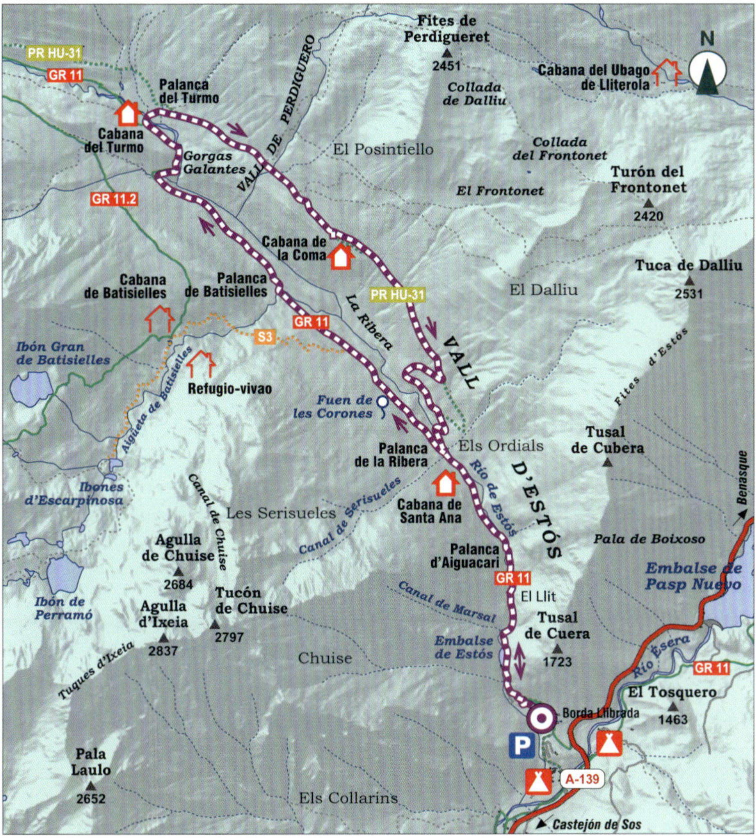

PR HU-31
GR 11
Palanca
del Turmo
Cabana
del Turmo
Gorgas
Galantes
GR 11.2
VALL DE PERDIGUERO
Fites de
Perdigueret
2451
Collada
de Dalliu
Cabana del Ubago
de Lliterola
El Posintiello
Collada
del Frontonet
El Frontonet
Turón del
Frontonet
2420
Cabana de
la Coma
PR HU-31
La Ribera
El Dalliu
Tuca de Dalliu
2531
Cabana
de Batisielles
Palanca
de Batisielles
GR 11
Ibón Gran
de Batisielles
S3
Agüeta de Batisielles
Refugio-vivao
Fuen de
les Corones
VALL
Fites d'Estós
Ibones
d'Escarpinosa
Ibón de
Perramó
Palanca
de la Ribera
Els Ordials
Cabana de
Santa Ana
Rio de Estós
D'ESTÓS
Tusal
de Cubera
Pala de Boixoso
Embalse de
Pasp Nuevo
Canal de Chuise
Les Serisueles
Canal de Serisueles
Palanca
d'Aiguacari
GR 11
El Llit
Canal de Marsal
Río Ésera
Benasque
Agulla
de Chuise
2684
Agulla
d'Ixeia
2837
Tucón
de Chuise
2797
Chuise
Embalse
de Estós
Tusal
de Cuera
1723
GR 11
Tuques d'Ixeia
Pala
Laulo
2652
Els Collarins
Borda Llibrada
A-139
El Tosquero
1463
Castejón de Sos

Cascada de Gorgas Galantes y río Estós

palanca d'Aiguacari, situándonos a la derecha orográfica del curso fluvial.

Llegamos a la **cabaña de Santa Ana**, un pequeño refugio de pastores con una zona de uso libre para casos de emergencia, situada a la izquierda del camino. A partir de este punto el valle se abre y la vegetación nos permite descubrir buenas vistas del macizo del Perdiguero.

Llegamos a una bifurcación, a la derecha dejamos el vial que desciende al río y va por el **camino de la Coma** (PR-HU 31), que utilizaremos para la vuelta.

Continuamos por el GR 11, alternando tramos más pendientes con otros más llanos, entre prados y zonas más boscosas con hayas, avellanos, pinos negros y servales. Alcanzamos la **Fuen de les Corones**, que utiliza un tronco hueco a modo de abrevadero.

El ambiente húmedo y la altura favorecen pequeños cambios en la vege-tación, adentrándonos ahora en un magnífico hayedo abetal.

Tras 1 h alcanzamos una bifurcación. Hacia la izquierda marcha la ruta a los **ibones de Escarpinosa y Batisielles**, muy frecuentada en los meses estivales; nosotros continuamos por la derecha, siguiendo la pista principal del valle. Más adelante llegamos a la confluencia con el **barranco de l'Aigüeta de Batisielles**, que superamos por un par de pasarelas de madera. A partir de aquí el camino avanza en continuado ascenso, pasamos junto a un banco de madera y llegamos a un desvío. Abandonamos el camino principal y tomamos el ramal de la derecha, siguiendo la indicación a la cabaña del Turmo y al refugio de Estós por los **miradores de Gorgas Galantes**.

El pequeño sendero nos lleva a visitar las **cascadas de Gorgas Galantes**, que descienden encajonadas por el **río Estós**. El primero de los miradores, con

Barranco de Gorgas Galantes

buenas vistas hacia el sur, nos muestra un salto de 17 m y una bella poza en su base. Aquí el río aprovecha las fracturas de la roca caliza para excavar profundas hendiduras y salir del estrecho de forma brava. El segundo de los miradores nos muestra otra cascada, con sus pozas de agua esmeralda, entre las empinadas laderas del barranco.

La senda nos conduce de nuevo a la pista, que tomamos hacia la derecha. Rápidamente encontramos, a la derecha, un pequeño desvío que nos lleva a un puente, sobre un tramo en el que el río va encajonado y forma un rincón de gran belleza. Volvemos a la pista principal y continuamos hasta alcanzar un gran llano ganadero donde se sitúa la mítica **cabaña del Turmo**, famosa por la canción "20 de abril" de los Celtas Cortos (2 h 10 min).

En este punto abandonamos el GR 11 y cruzamos el **río Estós** por un puente. A continuación tomamos el sendero hacia la derecha, que supera unas empinadas rampas herbosas hasta alcanzar los restos del antiguo **cuartel militar de Estós**. Entre amplias praderas, y bajo el cordal del pico Perdiguero, punta de Lliterola y pico de Malpàs, entre otros, descubrimos montañas vecinas, como el Montidiego, Tucas d'Ixeia y las estéticas Agujas de Perramó.

La ruta que seguimos, el PR-HU 31, nos conduce a la **Cabana de la Coma**, tras dejar a la izquierda el camino de ascenso al pico Perdiguero.

Sobrepasamos la pequeña edificación, y también la zona de pastos, iniciando un tramo de descenso por un bosque mixto de avellanos, abedules y pinos, siguiendo las estacas de señalización del PR. Llegamos a la **palanca de la Ribera**, que nos permite cruzar el **río Estós** y nos conduce a la pista principal del valle. La tomamos a la izquierda para retornar al aparcamiento.

Cabana de la Coma

- **Inicio:** Por la carretera A-139 hasta Benasque. Allí continuamos por el mismo vial hasta el desvío al hotel del Hospital de Benasque, donde continuamos por la pista hasta el aparcamiento de la Besurta. En los meses de verano, esta pista está cerrada, por lo que dejaremos el vehículo en el Vado de l'Hospital, para continuar a pie o en autobús.

- **Duración:** 1 h 45 min (1 h ida)

- **Desnivel:** 160 m

- **Distancia:** 5,2 km

Bajo el glaciar del Aneto

El glaciar del Aneto es el de más extensión de los Pirineos y del sur de Europa. Actualmente, y como el resto de glaciares de la cordillera, se encuentra en una fase de retroceso acelerado como consecuencia del cambio climático. Su evolución depende del equilibrio entre la acumulación de nieve en el período invernal y la fusión de la misma en la estación más cálida.

Un estudio reciente, realizado por el Instituto Pirenaico de Ecología, ha evaluado que durante el periodo 1981-2022 la superficie de dicho glaciar ha disminuido un 64,7 %, y su frente ha pasado de 2.828 m a 3.026 m. Además, se ha observado que el espesor de dicho hielo ha disminuido, en promedio, unos 30,5 m, lo que constata la fase terminal en la que se encuentra. También se ha advertido la fragmentación del glaciar en cuerpos de hielo más pequeños y la presencia de derrubios en algunas zonas.

Benasque

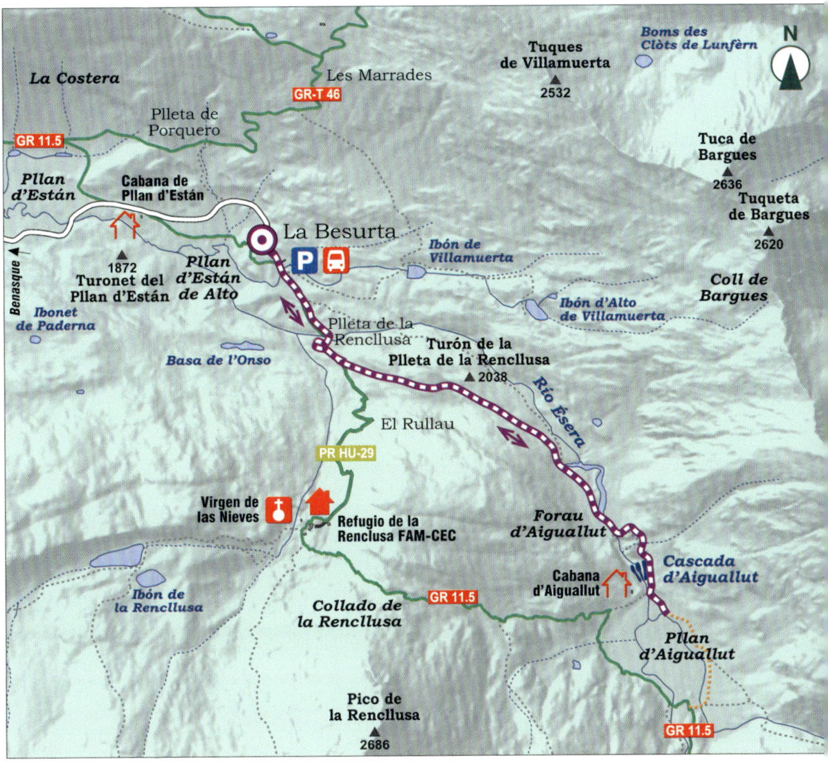

Mapa

N

La Costera

Les Marrades

GR-T 46

Tuques de Villamuerta
2532

Boms des Clòts de Lunfèrn

Plleta de Porquero

GR 11.5

Tuca de Bargues
2636

Pllan d'Están

Cabana de Pllan d'Están

Tuqueta de Bargues
2620

La Besurta

Ibón de Villamuerta

Coll de Bargues

Benasque

1872
Turonet del Pllan d'Están

Pllan d'Están de Alto

Ibonet de Paderna

Plleta de la Rencllusa

Ibón d'Alto de Villamuerta

Basa de l'Onso

Turón de la Plleta de la Rencllusa
2038

Río Ésera

El Rullau

PR HU-29

Virgen de las Nieves

Refugio de la Rencllusa FAM-CEC

Forau d'Aiguallut

Cabana d'Aiguallut

Cascada d'Aiguallut

Ibón de la Rencllusa

Collado de la Rencllusa

GR 11.5

Pllan d'Aiguallut

Pico de la Rencllusa
2686

GR 11.5

La excursión

Iniciamos la ruta en **la Besurta**, zona muy frecuentada durante los meses estivales. Tras observar los paneles de información, tomamos el sendero S-2 ("Llanos de Benasque - Forau d'Aiguallut del Parque Natural Posets - Maladeta"), que ya viene del aparcamiento del Vado del Hospital.

En el caso de comenzar la ruta en dicho estacionamiento, la excursión pasa a tener 13,4 km de recorrido, 340 m de

Lapiaces esculpidos en roca caliza

desnivel y el horario sería de 4 horas. El itinerario entre ambas zonas de estacionamiento no tiene pérdida alguna: del **Vado de l'Hospital** llegamos a las proximidades del **Hospital de Benasque**, que dejamos a la derecha para continuar en ligero ascenso hasta **Pllan d'Están**, una gran pradera formada sobre un antiguo lago colmatado. A continuación seguimos la ruta hasta **la Besurta**, pasando por la cabaña de Pllan d'Están.

Desde el aparcamiento de la Besurta, situado a 1.896 m, tomamos el sendero que rápidamente cruza un pequeño cauce fluvial; se trata de las aguas que descienden de los cercanos **ibones de Villamuerta**. Entre prados alpinos y algún pino negro ascendemos por una ladera con el camino bien definido. A nuestras espaldas nos acompaña una magnífica vista del valle, presidida por la tuca de Salvaguardia y el pico de la Mina.

Tras 10 min de marcha llegamos a una bifurcación. Hacia la derecha continúa la ruta al refugio de la Renclusa, punto estratégico utilizado para ascender al pico Aneto (3.404 m), la cumbre más elevada del Pirineo, y a otros de la zona.

Seguimos por la senda de la izquierda, que avanza por una zona llana con interesantes ejemplos de lapiaces esculpidos en roca caliza. El camino pasa junto a una cabaña de pastores y alcanza una pequeña loma; se trata del **turón de la Plleta de la Renclusa**, situado a 2.038 m. A partir de este punto, la senda desciende ligeramente entre bloques de piedra y alcanza una gran llanura, zona de pasto en los meses estivales. La atravesamos y justo al otro extremo encontramos el **Forau d'Aiguallut**, una gran cueva subterránea cuyo techo se ha derrumbado. Por este gran sumidero kárstico se infiltran las aguas que provienen de los glaciares de Aneto, Barrancs y Tempestades, y de la Vall de l'Escaleta. Después, y tras recorrer 3,6 km de distancia en línea recta por el interior de la tierra, reaparecen en la surgencia **Uelhs deth Joeu**, situada en el paraje aranés de **l'Artiga de Lin**. Estas aguas, que por lógica debieran alimentar al río Ésera y acabar en el mar Mediterráneo, cambian su recorrido y aumentan el caudal al **río Garona**, desembocando posteriormente en el océano Atlántico.

Tras admirar el fenómeno kárstico, continuamos por el sendero que lo rodea por la izquierda y nos conduce hasta la **cascada de Aiguallut**, con el pico d'Aiguallut y el pico Aneto y su glaciar como telón de fondo. Sin duda la estampa es única y muy bella.

Tras admirar dicho espectáculo conti-

Pllan d'Aiguallut

nuamos hasta el **Pllan d'Aiguallut**, una extensa pradera tapizada por sinuosos meandros y fresca hierba, un buen pasto para el ganado del valle. El lugar nos invita al descanso y a la contemplación, ya que nos encontramos a los pies del **macizo de la Maladeta**, rodeados de glaciares, ibones y cumbres de más de 3.000 m de altitud. El retorno a **la Besurta** lo realizamos por el mismo itinerario.

Esta zona nos ofrece muchas opciones para completar la jornada, como la visita al refugio de la Renclusa, la excursión a los ibones de Coll de Toro, Escaleta o Barrancs, o la ascensión al Tuc de Molières.

Cascada de Aiguallut. Al fondo, pico Aneto y su glaciar

18 Valle de Benasque
Gorgas de Alba

- **Inicio:** Por la carretera A-139 hasta Benasque. Allí continuamos por el mismo vial hasta el desvío de los baños de Benasque, y avanzamos hasta la zona de aparcamiento, en las proximidades del hotel Turpí.
- **Duración:** 1 h
- **Desnivel:** 160 m
- **Distancia:** 2,65 km

El valle rey

El valle de Benasque es frecuentado por montañeros y amantes de la naturaleza que buscan retos y rincones de gran belleza y entidad. En su cabecera encontramos la mayor concentración de cumbres que superan los 3.000 m de altitud del Pirineo, mientras que sus valles adyacentes están salpicados de ibones, cascadas, ríos, torrentes… Una gran variedad de itinerarios que satisface las expectativas de un amplio abanico de excursionistas.

Además, en sus pueblos encontramos interesantes muestras de arquitectura tradicional, como el Palacio de los Condes de Ribagorza, en Benasque, un magnífico edificio del siglo XVI, de estilo renacentista, y que en la actualidad alberga un centro cultural. Una gran variedad de establecimientos turísticos y una cuidadosa y variada gastronomía completan la oferta turística de la zona.

Confluencia del río Ésera con el barranco de Aigüespases

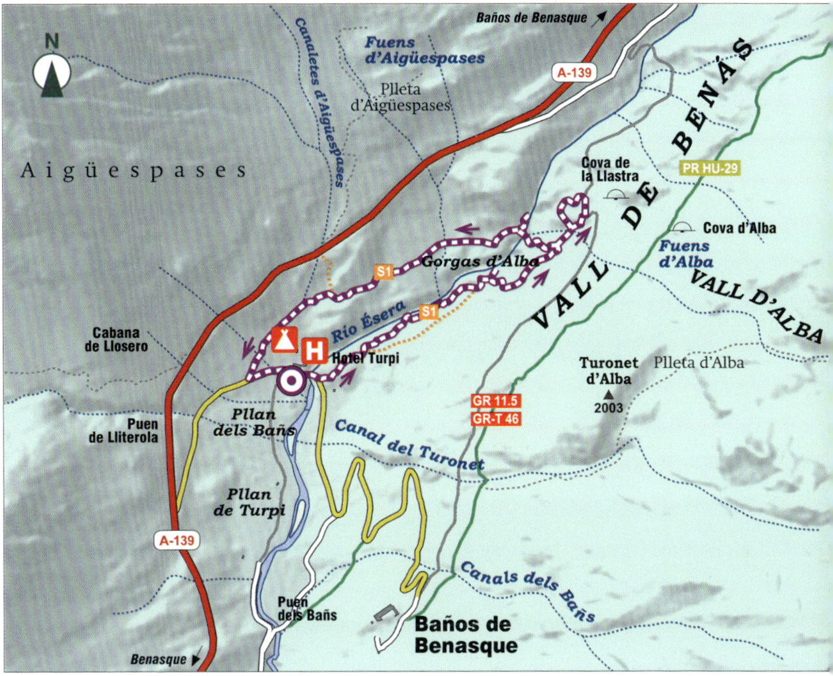

N

Baños de Benasque ►

Canaletes d'Aigüespases

Fuens
d'Aigüespases

A-139

Plleta
d'Aigüespases

A i g ü e s p a s e s

Cova de
la Llastra

PR HU-29

VALL DE BENÀS

Cova d'Alba

S1   Gorgas d'Alba

Fuens
d'Alba

VALL D'ALBA

Río Ésera   S1

Cabana
de Llosero

Hotel Turpi

Turonet
d'Alba

Plleta d'Alba

GR 11.5
GR-T 46

2003

Puen
de Lliterola

Pllan
dels Bañs

Canal del Turonet

Pllan
de Turpi

A-139

Puen
dels Bañs

Canals dels Bañs

Baños de
Benasque

Benasque ►

Entorno boscoso con la cascada de Aigüespases al fondo

La excursión

Comenzamos la ruta en las inmediaciones del Hotel Turpí, justo antes de cruzar el **río Ésera**. Para situarnos al inicio del sendero, cruzamos el curso fluvial y justo después, a la izquierda, encontramos un arco construido con troncos junto a un panel de información. Esta propuesta coincide con el sendero S-1 ("Sendero botánico - Gorgas de Alba del Parque Natural Posets - Maladeta"). Pasamos bajo el original portal y nos adentramos en una zona de pastos rodeados de boj. Durante el recorrido encontraremos paneles que nos explican curiosidades sobre los árboles y arbustos que vamos localizando al paso; los primeros están dedicados al acebo y al boj. Estos prados se tiñen de color en los meses estivales con la aparición de numerosas y variadas flores. Entre las más llamativas destacan el martagón, la flor de lis y los lirios azules, que comparten protagonismo con malvas, pensamientos, dedaleras, clavelinas, laurel de San Antonio, rododendros…

Llegamos a un pequeño escarpe rocoso, lo superamos y continuamos avanzando por un tramo con buenas vistas de los Baños de Benasque, Pllan dels Bañs y Pllan de Turpí. Aquí los rosales silvestres y las coloridas quitameriendas nos hablan del final del verano.

A continuación nos adentramos en un bosque de pino negro, con tejos y abetos. Si visitamos este lugar en otoño nos llamará la atención la gran variedad de setas que tapizan el sotobosque, sin duda un lugar de duendes y hadas.

Llegamos al río, en la confluencia con el **barranco de Aigüespases**, donde las aguas bravas nos muestran su poderío. Continuamos en ascenso por un tramo equipado con escalones de madera, entre ejemplares de olmo y abedul, hasta un mirador natural desde donde observamos la **tuca de Literola** y la **cascada de Aigüespases**. Seguimos la ruta y, tras pasar un cartel de informa-

Cascadas de las Gorgas de Alba

ción sobre el enebro, llegamos a otro mirador, este equipado con un banco de madera y con vistas sobre la **tuca de la Glera** y las **Gorgas de Alba**. La fauna que habita el entorno es también de gran interés, destacando numerosas especies de aves, zorros, jabalís, martas y sarrios.

Tras 25 min llegamos a una bifurcación. Desde aquí ya podríamos dirigirnos de forma directa a las **cascadas de las Gorgas de Alba**, pero elegimos realizar un pequeño recorrido circular que nos llevará más tarde a este punto. Así continuamos por el sendero de la derecha, que tras pasar un puente se adentra en un tramo de hayedo. Llegamos a otra bifurcación y seguimos hacia la izquierda. Las hayas nos conducen hasta otro puente, lo cruzamos y nos adentramos en una zona de pino y abeto hasta alcanzar una pista forestal, que tomamos a la derecha. Pasamos sobre una palanca de hormigón y encontramos un banco; aquí abandonamos la pista y tomamos un sendero, a la derecha, que desciende por el hayedo y nos lleva a la bifurcación antes mencionada. Ahora el sendero desciende hasta el Ésera, que atravesamos por un puente y nos sitúa en la derecha orográfica del río. Para acceder a los **miradores de las Gorgas de Alba** tomamos el sendero de la derecha. El primer mirador nos muestra una pequeña cascada con su poza, mientras que el segundo nos deleita con la magnífica vista de dos cascadas que descienden simultáneamente por el escarpe rocoso.

Para regresar al inicio de la ruta retrocedemos hasta el desvío de las cascadas y tomamos el sendero de la derecha, avanzando en todo momento por la derecha orográfica del río. Nos adentramos en un bosque de pino negro y royo, pasamos el **barranco de Aigüespases** por un puente, y continuamos hasta alcanzar la carretera de los Baños de Benasque, que tomamos a la izquierda hasta el aparcamiento.

Amanita muscaria

19

Valle de Benasque
Las tres cascadas de Cerler

- **Inicio:** Por la carretera A-139 hasta Benasque. Allí continuamos por el mismo vial hasta el cruce con la carretera de Cerler (A-2617). Lo tomamos y continuamos hasta la citada población. El inicio de la ruta está en la avenida Ardonés.
- **Duración:** 2 h 20 min
- **Desnivel:** 270 m
- **Distancia:** 6,5 km

Cerler y su entorno

La población de Cerler es conocida popularmente por su estación de esquí, que concentra la actividad turística en invierno. Pero además de este reclamo, Cerler y su entorno nos ofrecen rincones de gran belleza. La ascensión al pico Cerler en los meses estivales, la escalada en roca en la zona de las Palestras del Ampriu, el senderismo y ciclo alpinismo por la sorprendente Sierra Negra, o el senderismo por la red de senderos de la zona, complementan un merecido paseo por el núcleo de Cerler. En la citada población, situada a 1.540 m de altitud, no podemos dejar de visitar su magnífico lavadero construido durante la II República, varias casas nobles del siglo XVI y la iglesia parroquial de San Lorenzo, posiblemente de origen románico. Una buena gastronomía y actividades de ocio complementan la oferta turística del pueblo más alto del Pirineo aragonés.

Cascada de Ardonés o del Bom

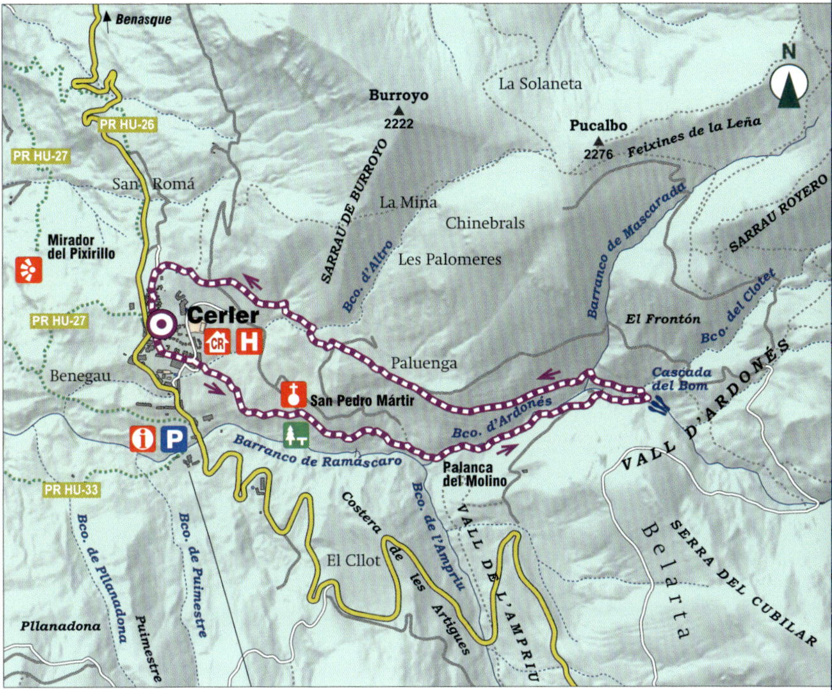

Benasque

PR HU-26
PR HU-27

San Romá

Mirador del Pixirillo

PR HU-27

Cerler
CR H

Benegau

San Pedro Mártir

P

PR HU-33

Barranco de Ramáscaro

Burroyo
▲ 2222

La Solaneta

Pucalbo
▲ 2276 Feixines de la Leña

SARRAU ROYERO

La Mina
Chinebrals

Les Palomeres

SARRAU DE BURROYO

Bco. d'Alto

Barranco de Mascarada

Bco. del Clotet

El Frontón

Paluenga

Bco. d'Ardonés

Cascada del Bom

VALL D'ARDONÉS

Palanca del Molino

VALL DEL'AMPRIU

Costera

Bco. de l'Ampriu

de les Artigues

SERRA DEL CUBILAR

Belarta

El Cllot

Pllanadona

Bco. de Pllanadona

Bco. de Puimestre

Puimestre

N

La excursión ▼

Salimos de **Cerler** por el camino señalizado como "Ruta de las Tres Cascadas" o "Camino de San Pedro Mártir". En ascenso, y a la sombra de grandes árboles, avanzamos por un camino orlado con muretes de piedra que nos aleja de la población y nos conduce a la **ermita de San Pedro Mártir**, donde hay un área de descanso con mesas y bancos (20 min). Sobrepasamos la pequeña construcción religiosa por debajo de un arco, dejamos atrás la zona más arbolada y seguimos entre prados. A la derecha descubrimos el **barranco de Remáscaro**, con las laderas muy erosionadas,

Anthericum liliago L.

y la inconfundible silueta piramidal del pico Cerler.

Tras 40 min llegamos a la confluencia del citado barranco, con los de Ampriu y Ardonés, cruzando este último por la **palanca del Molino**. Avanzamos por la margen izquierda del curso fluvial, con suaves pendientes y amplias vistas. Los verdes prados, con abundantes flores en los meses primaverales, son pasto fresco para las ovejas del lugar. A 700 m del puente citado encontramos otro, más pequeño, que pasamos de largo.

Después de algo más de una hora de caminata llegamos a una pista forestal, que cruzamos hacia la izquierda, para continuar por otro tramo de sendero, en ascenso. La pista que hemos dejado atrás conduce a una pequeña presa.

Nos adentramos ahora en el tramo más boscoso de la ruta, con magníficos ejemplares de pino negro poblando las laderas de **Vall d'Ardonés**. Con vistas ya sobre las tres cascadas, avanzamos por el delicioso sendero hasta alcanzar la primera de ellas, en 1 h 20 min de marcha. La **cascada de Ardonés o del Bom** es, sin duda, la más espectacular del conjunto; su caída tipo velo de novia y su generoso caudal nos refrescarán en cualquier estación del año.

Pasamos por su base por un pequeño puente metálico, donde bien seguro nos mojaremos, y a continuación superamos un pequeño resalte rocoso con la ayuda de unas cadenas. Situados ya en la derecha orográfica del barranco, avanzamos por la senda, y en un par de minutos, desde la cascada de Ardonés, encontramos la segunda cascada. Se trata de una caída de agua alta y esbelta por el **barranco de Clotet**. En su base, una pequeña pasarela nos permite cruzar el caudal de agua sin mojarnos.

Continuamos la marcha hasta la confluencia con el **barranco de la Mascarada**, donde se sitúa la tercera cascada, habitualmente con menos caudal que las anteriores, pero de porte elegante.

Para volver a **Cerler** continuamos por el sendero hacia el oeste. Progresamos entre prados de montaña, con un paisaje abierto y buenas vistas. Recortados en el horizonte descubrimos algunas de las montañas más emblemáticas del valle de Benasque: el pico Cerler, Posets, Eristes, Tucas d'Ixeia, entre otras.

Tras 1 h 45 min llegamos a las **Terrazas de Paluenga**, un terreno en el que aún son visibles los bancales que hasta los años sesenta del pasado siglo se cultivaban con cereal. Actualmente se em-

Zona de Paluenga con buenas vistas hacia el pico Posets

plean para el pasto de ganado.

Continuamos en ligero descenso por el amplio camino hasta alcanzar una pronunciada curva, donde tomamos un sendero, a la derecha, que progresa entre prados y zonas arboladas. Cruzamos el **barranco d'Altro** y seguimos en descenso, cruzamos una pista y llegamos a un cruce de caminos. Aquí tomamos el vial de la izquierda hasta Cerler, entrando a la población por la zona de la **iglesia de San Lorenzo**. De aquí vamos callejeando hasta el inicio de la ruta.

Cascada del barranco de Clotet

20

Valle de Salenques
Cascada del Pi

Inicio: Por la carretera N-230 entre Vilaller y Vielha. Pasado el desvío a las localidades de Senet y Aneto alcanzamos el embalse de Baserca. En la cola de dicho embalse encontramos una zona de aparcamiento, en el km 147.

Duración: 2 h 10 min

Desnivel: 340 m

Distancia: 5,7 km

El valle de Barrabés

El valle de Barrabés, surcado por el río Noguera Ribagorzana, está situado entre la comarca aragonesa de la Ribagorza y la catalana Alta Ribagorça. Su característica forma en *U*, con el fondo plano, se debe al paso de una gran lengua glaciar alimentada por los flujos de hielo laterales que en él se derramaban. Por su vertiente este destaca el valle de Besiberri, con picos de más de 3.000 m en su zona alta, y por el oeste, los valles de Molières, Llauset y Salenques, por donde descendían los hielos procedentes del vecino macizo de la Maladeta.

Grandes montañas, que actualmente albergan grandes paisajes, y grandes bosques como el hayedo de Salenques, considerado de gran interés en el Pirineo aragonés. Un territorio agreste, salvaje y muy bello; también muy cambiante según la estación del año en que lo visitemos.

Hayedo de Salenques

La excursión

De la zona de aparcamiento hay que cruzar la carretera y, justo en la curva, en la derecha orográfica del **río Salenques**, encontramos el inicio del sendero. Este coincide parcialmente con la ruta S-9, "Valle de Salenques del Parque Natural Posets-Maladeta", y con el GR 11, por donde caminaremos en el primer tramo de nuestra ruta. Otra forma de llegar a este punto es desde el aparcamiento, pasando por debajo de la carretera hasta el citado inicio de sendero, aunque en algunas ocasiones este acceso puede estar inoperativo.

Así, tomamos el sendero rojiblanco y rápidamente encontramos, a la derecha, un desvío a un puente. Ahora lo ignoramos, pero por él regresaremos más tarde.

El agradable camino se adentra ya, desde un primer momento, en un magnífico hayedo-abetal, en el que encontramos grandes bloques de granito. El bosque es acogedor y cambiante según la estación de año, hábitat del jabalí, el corzo y el zorro. La senda, que avanza junto al río, nos permite también disfrutar de sus bellos rincones, rápidos, pozas y cascadas. Más adelante, el trazado se aleja del lecho del Salenques, aunque seguimos con su frescor y rugir bien presente.

El sendero, que avanza por la **Obaga de Salenques**, está muy bien indicado y acondicionado, puesto que encontramos alguna pasarela de madera para superar zonas encharcadas por pequeños arroyos, algún banco para descanso

Cascada del Pi

e incluso una pequeña zona de pícnic junto a una fuente.

Impregnados por la belleza del hayedo llegamos a una bifurcación; hacia la izquierda continúa el GR hacia Estanys d'Angliós y refugio Cap de Llauset, y nosotros tomamos el ramal de la derecha, hacia el barranco de Salenques y ruta S-9. Tras pasar otra pequeña área de descanso llegamos al río, que cruzamos por una pasarela metálica. Justo al otro lado encontramos una bifurcación con señalización. Ahora debemos continuar por la senda de la izquierda, hacia Vall de Salenques, aunque a este punto vamos a volver tras visitar la cascada del Pi. 20 min y un desnivel de 120 m nos separan del salto de agua, cuya visita es muy recomendable.

El sendero, que avanza siguiendo la señalización con hitos, va ganando altura paulatinamente. A nuestra izquierda descubrimos la magnífica cascada que desciende por el **barranco de Riueño**, cuyas aguas proceden de los Estanys d'Angliós, y a nuestras espaldas dejamos una magnífica panorámica del **valle de Salenques** en primer plano, seguido del valle de Besiberri y el macizo homónimo como telón de fondo.

Tras 1 h 10 min llegamos de nuevo al cauce del **Salenques**, aunque aquí adopta un carácter más de barranco, angosto y encajado. Al acercarnos descubrimos una bonita sucesión de pozas y cascadas, que descienden con gran brío, y forman el conjunto de las **cascadas del Pi**.

Para el retorno al **embalse de Baserca** deshacemos el camino hasta la señalización de después del puente. Ahora no lo cruzamos y continuamos por la margen izquierda del **río Salenques**, por la llamada **solana de Salenques**. Este tramo, que avanza aún por hayedo, está equipado con alguna palanca de madera para superar zonas de agua. Poco a poco nos alejamos del cauce del río, y llegamos a una gran explanada, sin vegetación, con un pequeño saliente rocoso que ejerce de mirador natural. A partir de este punto la senda continúa en descenso, por una zona con grandes losas de piedra. Llegamos a un tramo algo escarpado, protegido con barandillas de madera y con vistas hacia el valle de Salenques y al embalse de Baserca.

El último tramo de descenso nos lleva al **puente de Salenques**. Lo cruzamos y llegamos al inicio del recorrido.

Solana de Salenques

Guías familiares

Rincones y paisajes

20 EXCURSIONES PARA TODAS LAS EDADES

1. Ibones del Pirineo aragonés
2. Mis primeras cumbres del Pirineo aragonés
3. Miradores del Pirineo aragonés
4. Cascadas del Pirineo aragonés